직업, 보람과
즐거움의 이중주

5 한국국학진흥원 교양학술 총서
고전에서 오늘의 답을 찾다

직업, 보람과
즐거움의 이중주

한국국학진흥원 연구사업팀 기획 | **박종천** 지음

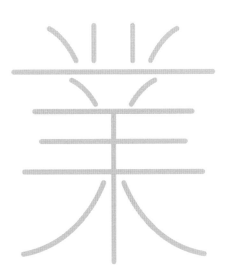

은행나무

차 례

우리는 어떤 삶을 영위하길 원하는가? 행복한 삶을 살려면 열심히 일하고 즐겁게 놀며 평안하게 쉴 수 있어야 한다. 일, 놀이, 쉼이 균형을 이룰 때 삶은 보람과 재미와 여유를 누리는 장이 되기 때문이다. 일주일 내내 아침부터 밤늦도록 쉼 없이 일에 시달리며 조금도 휴식을 취하지 못하는 고달픈 삶이나, 보람 있는 일은 전혀 하지 않고 날마다 할 일 없이 놀기만 하면서 밥만 축내는 '무위도식無爲徒食'의 생활을 상상해보자. 모두 바람직하지 않은 생활이다. 보람 있는 일과 재미있는 놀이와 여유 있는 쉼이 어우러질 때 우리의 삶은 행복하다.

이런 맥락에서 보람과 즐거움을 느끼는 직업은 참으로 중요하다. 우리는 적절한 직업 활동을 통해 보람과 만족을 느낄 수 있다. 직업은 일하는 보람과 일하는 즐거움의 이중주라고 할 수 있다. 이런 관점에서 이 책에서는 '직업이란 무엇인가?', '왜 직업 활동을 하는가?', '과거부터 현재까지 직업은 어떻게 변화했는가?', '직업을 언제 어떻게 준비하고 수행할 것인가?'라는 물음을 다루었다.

1장에서는 직업이란 무엇인가를 간단하게 해명하고, '직職'과 '업業' 혹은 '직분職分'과 '생업生業'의 두 가지 측면이 있는 직업의 성격을 이해하려고 사회적 명분을 실현하는 보람과 생물학적 생존을 위한 생계유지를 검토했다. 실제로 직업은 직분과 생업의 결합이다. 생존을 위한 생업의 현실적 필요성이 더 기본적이라고 할 수 있지만, 사회적 역할 수행을 위한 직분의 긍지와 보람도 그에 버금가게 중요하다. 이를 통해 직업의 기본적 의미와 성격을 이해할 수 있을 것이다.

2장에서는 직업 활동의 이유를 탐색해보았다. 먼저 맹자의 사상에 따라 육체노동과 정신노동의 관계와 더불어 그 사회적 의의를 '항산恒産'의 토대와 '항심恒心'의 실현이라는 관점에서 설명했고, 그 기반 위에서 직업의 사회적 안전망을 조성하고 사회적 약자를 배려했던 조선 시대 '보양保養'의 문화적 에토스를 다루었다. 아울러 일을 수행하는 보람과 일을 향유하는 즐거움이라는 측면에서 직업을 설명하고, 직업을 통해 사람들이 실현하는 욕구의 다양한 양상과 발전적 단계를 검토했다. 이를 통해 직업이 지닌 사회적 의의와 바람직한 직업 생태계에 대한 사회적 관심의 필요성을 습득할 수 있을 것이다.

3장에서는 조선 시대 직업관을 중심으로 직업의 과거 양상을 살펴보고 제4차 산업혁명과 플랫폼 노동의 문제 등 현재 일어나고 있는 직업 생태계 변화의 빛과 그림자를 균형 있게 다루었다. 최근 코로나19의 세계적 유행과 제4차 산업혁명으로 인해 이러한 변화 양상은 더욱 가속화되고 있다. 또한 초고령 사회로 접어들면서 새롭게 떠오르는 직업의 변화 양상도 점검했다. 이를 통해 직업 생태계의 변화가 커다란 위기이자 새로운 기회라는 점을 인식하고 미래를 대비할 수 있을 것이다.

4장에서는 직업을 준비하고 수행하는 시기와 방식에 대해 논의했다. 직업을 준비하는 때를 포착하는 명확한 판단력과 과감한 결단력의 중요성과 더불어 인도와 중국과 조선에서 인생 주기에 따라 직업의 준비와 수행이 어떻게 이루어졌는지를 소개했다. 직업에 대한 태도가 천직의 보람에서 향유의 즐거움으로 이행하고 있는 모습과 더불어, 직업 활동에 요구되는 역량이 분석적이고 전문적인 지식의 습득에서 종합적이고 창의적인 지혜의 노하우 활용으로 변화하고 있는 양상에 대해 설명했다. 이를 통해 언제 어떻게 직업을 준비하고 수행할 것인지를 이해할 수 있을 것이다.

마지막 5장에서는 앞의 설명에 근거하여 직업의 미래 전망에 대해 간단하게 서술했다.

이 책은 좋은 직업을 얻기 위해 구체적으로 어떤 능력을 어떤 방법으로 얼마만큼 갖출 것인가를 제시하는 자기계발서가 아니다. 오히려 직업이란 무엇이고, 왜 필요하며, 직업을 통해 우리가 무엇을 경험하고 어떻게 하면 행복할 수 있을까를 고민하는 사람들과 과도한 자기계발과 스펙 쌓기에 지친 사람들에게 고전적 지혜와 역사적 경험이 잠시나마 직업에 대한 성찰의 시간을 제공해줄 것이다. 이를 위해 직업의 특성과 의미, 직업 활동의 다층적 의의, 직업의 역사적 변화 양상, 바람직한 직업적 태도와 직업 역량 등을 중점으로 다루었다.

이 책을 한국국학진흥원의 '고전에서 오늘의 답을 찾다' 시리즈의 일환으로 기획하고 필자가 집필할 수 있도록 수고해 주신 한국국학진흥원의 김순석 선생님, 김종석 선생님, 김종희 선생님 그리고 원고의 출판을 맡아주신 출판사 담당자분들께 깊은 감사를 드린다. 부디 이 책이 직업과 인생의 관계에 대해 고민하는 분들께 동서양 고전의 가르침과 전통적 지혜의 조명 아래 직업의 의미와 기능 및 성격을 충분히 습득하고, 과거부터 현재까지 이루어진 직업의 변화 양상에 대한 이해의 기반 위에서 앞으로 새롭게 직업을 준비하는 자세와 지혜로운 일하기의 노하우를 익히는 작은 디딤돌이 되길 바란다.

2021년 10월

박종천

| **일러두기** |

* 단행본과 학술지, 잡지는 『』로, 논문과 글 등은 「」로, 그림은 ' '로 표기했다.
* 원전의 인용과 참조는 미주로 표기하였다.

1장

직업이란 무엇인가?

1 사회적 명분으로 구현되는
인생 극장의 페르소나

인간은 이야기를 좋아한다. 소설부터 영화에 이르기까지 끊임없이 숱한 이야기를 만들고 나누며 즐긴다. 아침에 일어나서 잠자리에 들 때까지, 심지어 현실의 공간은 물론 온라인 공간의 SNS에서도 이야기는 끝나지 않는다. 이렇듯 이야기를 만들고 소통하며 향유하는 것이 '이야기하는 인간Homo Narrans'이다.John D. Niles 1999

상황이 이럴진대, 과연 이야기가 없는 인생을 상상할 수 있을까? 인생은 드라마다. 인간이 이야기를 만들고 나누며 향유하는 무대가 바로 인생이고, 사회는 인생이라는 드라마가 펼쳐지는 극장의 무대다. 인간은 누구나 이러한 인생의 무대 위에서 연기하는 배우인 셈이다. 사람들은 대부분 화려한 주역을 원하지만, 인생극장에는 주역만 있는 것이 아니라 조연도 있고, 무대를 만들고 연출하는 스태프도 있다. 누구나 기왕이면 하고 싶은 배역이나 역할을 맡고 싶지만, 현실은 염원대로 되지 않는 경우가 많다. 그러나 자기 뜻대로 되지 않더라도, 각자 맡은 역할을 열심히 하면 주연보다 빛나는 조연이 될 수도 있고 그러한 연기가 펼쳐지는 훌륭한 무대를 만들 수도 있다.

우리가 의식하든 의식하지 않든 간에, 인생이라는 이야기는 지금도 계속 전개되고 있다. 직업은 그러한 인생 이야기가 펼쳐지는 사회라는 극장 무대에 올라가서 각자 연기할 배역 혹은 각자 선택하거나 부여받은 사회적 역할social role이다. 사람들은 누구나 교육을 받은 뒤 직업을 통해 사회에 입문한다. 어느 시대, 어느 사회에서나 그렇다. 이와 같이 사회에 입문하고 적응하는 과정을 '사회화socialization'라고 한다. 교육과 사회화 과정에서 특정한 사회적 역할을 선택하거나 부여받은 사람들은 마치 대본을 받은 배우처럼 사회라는 연극 무대에 올라 자신의 배역을 충실하게 연기한다.

무대 위의 배우가 연기할 배역처럼 개인이 사회화 과정에서 선택하거나 부여받은 사회적 역할을 라틴어로

'페르소나persona'라고 한다. 페르소나는 본래 고대 그리스의 연극에서 배우가 쓰던 가면mask으로, 개인이 사회와 소통하면서 사회적 역할을 수행할 때의 사회적 인격을 뜻한다. 개인과 사회가 만나는 접점에 페르소나라는 사회적 가면이 존재하기 때문에 페르소나는 사회적 요구와 개인적 욕망이 결합되어 나타난다. 심층심리학자 칼 융Carl G. Jung(1875~1961)에 따르면, 페르소나는 개인이 남과 사회적 관계를 맺을 때 남이 자기로 생각해주길 바라는 모습이나 역할의 심리적 구성물이다.Murray Stein 2015, 5장 따라서 페르소나는 사회적 관계에서 개인이 맡는 사회적 역할이자 사회적 관계의 심리적 구성물로 내면화되어 남과 만날 때 드러나는 사회적 인격이며, 개인이 특정한 사회적 역할의 규범적 모델을 수행하도록 규정하는 사회적 가면인 것이다.

그런데 복합적인 사회적 관계 양상에 따라 사회적 가면은 다양하게 나타난다. 동일한 사람일지라도 각각의 사회적 관계에 부합하는 페르소나를 수행해야 한다. 예컨대 집안에서는 아들이나 딸로, 아버지나 어머니로, 남편이나 부인으로 지내던 사람들이 사회에서는 학생이나 선생으로, 상사나 부하로 각자의 사회적 역할에 맞는 페르소나를 쓰고 활동한다. 무대 위에 오른 연기자들이 자기의 배역에 맞는 가면을 쓰고 연기하는 몸짓들이 함께 모여서 하나의 연극으로 공연되듯이, 사람들이 각각 다양한 사회적 관계에 알맞은 페르소나를 수행할 때 그러한 사회적 역할 행동들이 한데 모여서 하나의 사회를 만든다.

이렇듯 다양한 사회적 관계에 따라 사회적 역할을 적절하게 수행하는 것을 동아시아의 유교적 전통 사회에서는 '정명론正名論'으로 설명해왔다. 공자孔子(B.C. 551~B.C. 479)는 사회 구성원들이 각자의 자리에서 명분名分을 바르게 실현하는 것을 바람직한 이상으로 보면서 다음과 같이 표현했다. "임금은 임금다워야 하고, 신하는 신하다워야 하며, 아비는 아비다워야 하고, 자식은 자식다워야 한다[1]." 이 문장은 '~다움'에 대한 규범적 통찰을 분명하게 보여준다. 임금다움과 신하다움, 부모다움과 자녀다움은 특정한 사회적 지위나 역할, 즉 '명분'으로 사회적 인간을 규정한다. 명분은 개인에게 사회적 관계의 윤리적 가치와 규범적 모델인 것이다. 실제로 조선 후기에 편집된 『오륜행실도五倫行實圖』는 그러한 사회적 명분을 잘 실현한 대표적인 모범 사례를 그림을

『오륜행실도』 중 '제상충렬堤上忠烈' (출처: 한국학중앙연구원 장서각)

곁들인 이야기 형식으로 전달한다. 예컨대 신라 눌지왕 때의 충신 박제상朴堤上(363~419)은 변치 않는 충절忠節을 통해 신하다움의 전형을 보여주었다.

이런 맥락에서 인간사회의 명분은 인생극장의 페르소나라고 할 수 있다. 사회적 명분은 마치 '큰 바위 얼굴'처럼 본받아야 할 모범model을 규범적으로 규정하지만, 그것을 체득하고 내면화하여 제대로 체현하는 것은 개인에게 달려 있다. 연극 무대에 올라가는 배우가 주연이나 조연의 배역을 자기가 원하는 대로 바꾸지는 못할지라도 무대 위에서는 페르소나에 맞게 연기를 잘할 수 있는 것처럼, 사회적 역할에 맞게 명분을 적절하게 실현하는 것은 페르소나에 충실한 배우의 메소드 연기method acting에 견줄 만하다. 그러므로 사회생활을 하는 사람은 그가 윗사람이든 아랫사람이든, 어떤 위치에 있든 간에 모두 자신이 맡은 배역 혹은 사회적 역할에 충실해야 한다.

무대 위의 연기자들이 각자 페르소나에 충실하게 연기에 몰입할 때 연극 공연이 성공적으로 이루어져서 예술적 완성을 이룸과 더불어 관객들의 깊은 공감을 얻을 수 있듯이, 사회 구성원들이 사회적으로 요청되는 다양한 사회적 필요에 부응하여 각자 맡은 바 명분에 충실할 때 그 사회는 비로소 바람직한 질서를 구현하는 동시에 지속가능한 발전이 가능하다. 인생이 한 편의 멋진 연극이라면, 직업은 각자 맡은 바 명분의 페르소나인 것이다.

2 생업과 직분의 이중주가
이루는 하모니

우리가 평생 쓰는 페르소나 가운데 가장 중요한 페르소나가 바로 '직분'이다. 직분은 직업의 명분으로서, 직업 활동에서 이루어지는 사회적 역할을 뜻한다. 사회적 명분이 페르소나라고 하면, 직분은 직업의 페르소나라고 할 수 있다. 다른 페르소나들은 그 역할을 능숙하게 해내지 못해도 큰 문제가 되지 않을 수 있지만, 직업의 페르소나는 제대로 감당하지 못하면 원만한 사회생활이 어려울 뿐만 아니라 생물학적 생존조차 크게 위협받을 수 있다. 엄마 역할이나 아들 노릇을 제대로 하지 못한다고 해서 생존에 위협을 받지는 않지만 직업을 갖지 못하면 생계를 유지할 수 없어서 생존이 어려울 수 있다. 수많은 사회적 역할 혹은 명분 중에서도 생물학적 생존을 위한 생계유지와 연관된 페르소나가 바로 '직업職業'인 것이다.

물론 직업이 생계유지를 위한 노동이긴 하지만, 생계유지를 목적으로 하는 활동에만 국한되는 것은 아니다. 일부이긴 해도 생계유지를 목적으로 하지 않고 헌신과 봉사를 목적으로 삼는 직업도 있기 때문이다. 예컨대 재산이 있어서 생계유지를 위한 활동에 종사하지 않고 종교적 신앙 활동, 학문적 연구 활동, 예술적 창작 활동에 온 마음과 힘을 쏟는 사람들이 있다. 이들은 노동의 대가로 돈을 받지 않은 채 돈벌이와 무관한 일을 자신의 업으로 삼고 살아가지만, 직업이 없는 사람이 아니라 종교인, 연구자, 예술가 등으로서의 직업인이다. 이들에게 직업은 분명히 생계유지를 위한 것이 아니다. 오히려 소명의식이나 자아실현self-realization이나 취미활동처럼 생계유지와는 다른 목적을 구현하는 활동이다.

그러나 생계유지와 완전히 무관한 직업은 극히 예외적인 현상이다. 생계유지를 위해 소득 활동을 하는 노동이 사회적 역할의 명분을 실현하는 직분과 떼려야 뗄 수 없이 유기적으로 연결되는 것이 일반적이기 때문이다. 물론 직업을 통해 삶의 의미를 모색하거나 자아를 실현할 수 있다면 더할 나위 없이 좋다. 그러한 직업 활동은 인간다운 삶이자 의미 있는 생활의 영위라고 할 수 있으니, 무척 행복하고 바람직한 일이다. 그러나 옛날부터 '목구멍이 포도청'이요, '금강산도 식후경'이라고 하듯이, 극히 예외적인 경우를 제외하면 직업을 통한 취미활동이나 자아실현은 먹고사는 생존의 문제가 해결된 토대 위에서나 비로소 가능하다. 따라서 생계유지는 직업의 기능 중에서도 가장 중요하고 기본적인 것이다. 생계를 유지하는 '생업'이 직업의 필요조건이라면, 직업을 통해 실현하는 사회적 명분인 '직분'은 직업의 충분조건이라고 할 수 있다.

이런 맥락에서 직업은 사회적 역할과 명분인 '직분'과 생계유지를 위한 소득 활동인 '생업'의 결합이라고 할 수 있다. '직'이 특정한 개인이 주관하는 임무나 담당하는 '직분'을 일컫는다면, '업'은 농업, 수산업, 임업, 공업, 상업, 의업 등 온갖 분야에서 이루어지는 다양한 종류의 노동을 통해 생계를 이어가는 수단과 과정 및 활동을 포괄하는 '생업'이다. 직분으로서의 '직'이 사회적 역할의 의무를 뜻한다면, 생업으로서의 '업'은 구체적인 사회적 활동의 양상을 보여준다. 따라서 직업이란 '직분'의 사회적 역할을 '생업'이라는 구체적인 사회적 활동을 통해 실현하는 것을 뜻하는 말이다.

그런데 법적 차원에서 보면 직업은 직분적 측면보다는 생업적 측면이 더 중요하다. 「대한민국 헌법」 제15조는 "모든 국민은 직업 선택의 자유를 가진다"라고 명시하고 있다. 법은 사회생활을 위한 규범의 최소한을 규정하기 때문에, 생존에 필수적이지 않은 직분의 사회적 역할보다는 생존을 위한 생계유지를 법적으로 보호하는 데 중점을 두었다. 직업을 직분보다는 생업의 차원에서 보호하는 것이다. 헌법재판소는 이에 대해서 다음과 같이 설명한 바 있다.

우리 헌법 제15조는 "모든 국민은 직업 선택의 자유를 가진다"고 규정하여 직업의 자유를 국민의 기본권의 하나로 보장하고 있는바, 직업의 자유에 의한 보호의 대상이 되는 '직업'은 '생활의 기본적 수요를 충족시키기 위한 계속적 소득 활동'을 의미하며 그러한 내용의 활동인 한 그 종류나 성질을 묻지 아니한다. 이러한 직업의 개념표지들은 개방적 성질을 지녀 엄격하게 해석할 필요는 없는바, '계속성'과 관련하여서는 주관적으로 활동의 주체가 어느 정도 계속적으로 해당 소득 활동을 영위할 의사가 있고, 객관적으로도 그러한 활동이 계속성을 띨 수 있으면 족하다고 해석되므로 휴가기간 중에 하는 일, 수습직으로서의 활동 따위도 이에 포함된다고 볼 것이고, 또 '생활수단성'과 관련하여서는 단순한 여가활동이나 취미활동은 직업의 개념에 포함되지 않으나 겸업이나 부업은 삶의 수요를 충족하기에 적합하므로 직업에 해당한다고 말할 수 있다.

헌재, 2003. 9. 25. 2002헌마519 결정

헌법재판소의 결정문을 살펴보면, 직업 선택의 자유는 헌법적 기본권으로 보장되지만 인간이 하는 활동이라고 해서 모두 직업의 범주에 드는 것은 아님을 알 수 있다. 직업은 기본적으로 생활을 위해서 필수적인 '계속적 소득 활동'이기 때문이다. 이런 관점에서 보면, 생계와 무관하게 유희를 즐기기 위한 놀이나 개별적인 관심을 만족시키기 위한 취미활동은 직업이 될 수 없다. 예컨대 남는 시간에 잠시 영화를 보는 것은 직업이 아니지만, 영화를 보고 기사나 평론을 써서 먹고사는 기자나 평론가에게는 영화를 보는 일이 직업의 일환이다. 또한 단순한 여가활동이나 취미활동은 직업이 아니지만, 겸업이나 부업은 직업의 범주에 속한다. 따라서 법적인 차원에서는 아무리 많은 시간을 들여서 여가활동이나 취미활동을 하더라도 그것을 직업이라고 부르지 않지만, 상대적으로 짧은 시간을 들이더라도 생계유지의 소득활동과 연계되는 겸업이나 부업은 직업으로 설명한다.

한편 우리는 직업의 페르소나를 고를 자유가 있지만, 아무리 먹고살기 위해서라도 남을 괴롭히거나 해롭게 하는 도둑질이나 폭력을 직업이라고 하지는 않는다. 다만 소수이긴 하지만 경제적 여유가 있거나 뜻한 바가 있어서 생계유지를 위한 소득 활동을 하지 않은 채 개인적으로 관심이 있거나 의미를 두는 일에 종사하는 사람도 있고, 생업과 직분을 분리해서 병행하는 사람도 있다. 생계와 연관되는 그 어떤 소득 활동도 하지 않은 채 봉사와 헌신으로 평생을 일관하는 사람은 봉사자라는 직분이 그의 직업인 셈이고, 아르바이트로 생계유지를 위한 최소한의 돈만 벌되 그 밖에 대부분의 시간과 관심을 생계와 무관한 일에 쏟으면서 인생의 의미를 모색하는 사람은 생업과 직분이 분리된 경우라고 할 수 있다. 최근 생계유지를 위한 필수적 노동과 개인의 여가

활동을 병행하는 균형을 추구하는 '워라밸work and life
balance'의 생활방식life style이 부상하고 있는데, 이는 생
업과 직분의 분리와 병행이 강화되는 현상이다.

요컨대 직업은 먹고사는 생계유지를 위해 시간과 노
력을 들이는 활동이 기본이 되는 '생업'과 사회적 역할
을 수행함으로써 삶의 의미를 실현하는 '직분'의 이중
주라고 할 수 있다.

2장

왜 직업 활동을 하는가?

1 육체노동인가, 정신노동인가:
항산의 토대와 항심의 실현

사람들은 왜 직업을 가지려 하고, 일은 왜 필요한가? 이 물음은 직업의 의의와 필요성에 대한 질문이다. 앞서 살펴본 것처럼 직업은 생업과 직분의 결합이고, 생존을 위한 생업의 현실적 필요성이 더 기본적이지만, 사회적 역할 수행을 위한 직분의 긍지와 보람도 그에 버금가게 중요하다. 물론 일하는 이유로 '나다움'을 잃지 않고 표현하는 천직天職의 '자아실현'이라고 답하는 훌륭한 인문학적 설명도 있지만,강상중 2017 자아실현이 꼭 직업에만 국한되는 것도 아니고 천직은 직분의 긍지와 보람을 표현하는 용어이므로, 자아실현에만 초점을 맞춰서 직업의 이유를 설명하면 직업의 생업적 측면을 놓치는 아쉬움이 남는다. 따라서 직업의 양면성을 객관적이고 신중

鄒國亞聖公 孟軻

맹자 초상화

하게 다루어야 한다.

동양의 유교사회에서 직업의 양면적 특성을 잘 이해하고 직업의 유형을 합리적인 기준으로 구분해서 설명한 대표적 유학자로는 맹자孟子(B.C. 372?~B.C. 289?)가 있다. 맹자는 직업인을 크게 두 가지 '군자君子 혹은 대인大人'과 '소인小人'으로 구분했다. 맹자에 따르면 큰 몸大體을 따르는 사람은 대인이고, 작은 몸小體을 따르는 사람은 소인이다.[2] 여기서 큰 몸은 생각할 줄 알아서 육체를 다스리는 마음을 가리키고, 작은 몸은 보고 들을 수는 있으나 생각할 줄 모르는 몸뚱이를 말한다. 맹자는 이런 구분에 근거해서 마음의 노동을 하는 '정신노동자'와 몸의 노동을 하는 '육체노동자'로 나누었다.

정신노동을 하는 경우도 있고 육체노동을 하는 경우도 있는데, 정신노동을 하는 자는 남을 다스리고 육체노동을 하는 자는 남에게 다스림을 받는다. 남에게 다스림을 받는 자는 남에게 식량을 공급하고, 남을 다스리는 자는 남에게서 식량을 공급받는 것이 천하의 보편적 의리다.[3]

이런 맥락에서 보면 직업은 큰 몸인 마음을 쓰는 정신노동과 작은 몸인 몸뚱이의 힘을 쓰는 육체노동으로 구분할 수 있다. 전자가 자기성찰적인 주체적 마음을 주관하는 대인 혹은 군자의 일이라면, 후자는 감각의존적인 몸뚱이를 사용하는 소인의 일로 이해할 수 있다. 양자는 각각 정신과 육체를 통해 각기 다른 직분의 사회적 역할을 감당하고 있지만, 노동을 통해 생업의 생계유지를 한다는 점에서 보면 모두 직업인이다.

그런데 맹자는 여기서 한 걸음 더 나아간다. 정신노동자인 군자는 소인을 다스리는 정치적 주체로 경제적 부양을 받는 직업인이고, 육체노동자인 소인은 군자가 하는 정치의 대상으로 경제적 부양의 임무를 수행하는 직업인이다. 정치적 교화를 주관하는 군자가 경제적 부양을 담당하는 소인을 다스리는 공동체는 정신노동과 육체노동을 사회적 분업과 사회적 위계질서hierarchy로 합리화한 것이다. 몸과 연관된 사적 이익(利)을 추구하는 경제활동 혹은 육체노동이 마음과 연관된 공적 의리(義)를 실현하는 정치 활동 혹은 정신노동에 따라 적절하게 조율될 때 이익과 이익이 조화를 이루는 바람직한 사회가 된다는 것이다.

그러나 맹자는 정신노동의 정신적 권위가 육체노동의 경제적 생산 활동을 지배하는 정치적 권력의 정당성을 몸과 마음의 차이로 합리화하는 데서 멈추지 않았다. 『맹자』에서 가장 흥미로운 대목은 '항산'이라는 물질적 안정의 토대 위에서 '항심恒心'이라는 정신적 가치의 실현이 이루어진다는 빛나는 통찰이다. 사람은 누구나 변치 않는 항심을 갖추고 있지만, 항산恒産이 뒷받침되지 못하면 항심을 유지하기가 힘든 것이 현실이다. 사적 이익을 넘어서서 공적 의리와의 사회적 조화를 추구하는 정신적 노동의 가치는 소중하지만, 육체노동을 통한 생존의 기본적 조건을 충분히 갖춘 뒤라야 그것이 제대로 된 효과를 발휘할 수 있다는 것이 맹자의 신중한 혜안이다.

그런데 항산이 없으면서도 항심을 유지하는 존재가 있다. 바로 선비土다. 물질적 조건과 사적 이익에 따라 이리저리 흔들리며 온갖 행태를 벌이는 일반 백성들과는 달리, 선비는 물질적 요건의 변화나 사적 이익의 유혹에도 불구하고 윤리적으로 떳떳한 정신을 지속하는 항심을 늘 일정하게 유지한다.[4] 이에 비해 항산이 없으면 항심이 없는 일반 백성들은 기본적인 생계를 유지할 만큼 일정한 소득이나 직업이 있는 경우에만 인간다운 가치를 실현하는 항심을 유지할 수 있다는 것이 맹자의 현실적 통찰이다. 나아가 맹자는 백성들에게 생계를 유지할 만한 일정한 직업을 마련해 주지않은 채 법을 어겼다고 해서 백성들을 처벌하는 행태를 가혹한 정치라고 날카롭게 비판하기도 했다.

요컨대 생계유지를 위한 생업의 기반인 항산이 생존을 위한 필요조건이라면, 항심은 인간다운 가치를 실현하는 문화생활의 충분조건이라고 할 수 있다. 다만 일반적으로는 생계유지를 위한 항산이 없으면 인간적 가치를 실현하는 항심이 흔들린다. 그런데 항산이 없어 생계유지가 되지 않더라도 선비처럼 항심이 유지되어 직분에 충실한 경우도 있다. 이런 맥락에서 맹자는 공적 의리를 실현하는 군자의 정치 활동이 사적 이익을 추구하는 소인의 경제 활동을 통제하는 모델을 조화롭고 바람직한 사회로 보았다. 군자는 항산 여부와 무관하게 언제나 항심을 유지하는 반면, 소인은 항산의 기반이 흔들리면 항심을 유지하지 못하기 때문이다.

한편 소인과 군자를 특정 분야의 전문적인 지식과 기술인 재才와 모든 분야를 아우르는 통찰력과 지도력을 뜻하는 덕德의 차이로 구분할 수도 있다. 이를테면 사마광司馬光(1019~1086)은 『자치통감資治通鑑』에서 "재란 덕의 바탕이고, 덕은 재의 통솔자다. 재와 덕을 함께 온전히 갖춘 사람을 성인聖人이라 하고, 재와 덕이 전혀 없는 사람을 우인愚人이라 한다. 덕이 재를 이기면 군자라 하고, 재가 덕을 이기면 소인이라 한다"고 하여 재주와 덕성을 겸비한 성인, 덕성이 재주보다 많은 군자, 재주가 덕성보다 월등한 소인, 재주와 덕성이 없는 우인으로 사람을 구분했다.[5]

실제로 직업 현장에서 일을 제대로 수행하려면 덕성과 재주 모두 필요하다. 그러나 보편적이고 종합적인 덕성과 특수하고 전문적인 재주를 모두 겸비하는 것은 쉬운 일이 아니다. 과거에는 덕성을 갖춘 사람이 지도자가 되고 재주를 지닌 사람이 부하 직원이 되었지만, 현대로 올수록 그 양상은 굉장히 다면적이 되었다. 더구나 성인, 군자, 소인, 우인이 한데 뒤섞여서 팀 프로젝트를 하는 것도 이미 일상화되었다. 그렇다면 덕성과 재주가 각각 어떤 특성을 지니고 있는지를 명료하게 이해하고 양자가 서로 어떻게 연결되어 시너지 효과를 낼 수 있는지를 충분히 고민해보아야 할 듯하다.

2 보양의 에토스:
직업의 사회적 안전망과
사회적 약자 배려

　이러한 '항산'과 '항심'의 관계에 대한 사회적 관심은 유교적 이념을 실제로 구현했던 조선 시대에 뚜렷하게 나타났다. 실제로『일성록日省錄』을 보면 1778년 설날 정조正祖가 신년맞이 윤음綸音을 내린 기록에서『맹자』를 인용하면서 백성들의 기본적 생계유지와 사회적 활동을 보장하는 '보양保養'을 정책 기조로 뚜렷하게 강조하는 대목이 보인다. 이 윤음에서 정조는 '보양'의 목표가 "생업을 풍부하게 하고 재물을 넉넉하게 하는 방도"를 통해 구현된다는 점을 반복적으로 강조하면서 이를 위한 사회적 참여를 촉구했다. 여기서 재물을 넉넉하게 하는 것이 직업 활동을 통한 생계유지의 경제적 기반 안정이라면, 생업을 풍부하게 하는 것은 직업 활동을 위한 사회적 안전망 구축이다. 이러한 방도를 통해 민생이 안정을 이룬 뒤에야 비로소 정치적 교화의 효과가 나타난다는 것이 정조의 기본 구상이었고, 이를 위해 직업 활동 지원, 세금 완화, 교육과 복지의 토대 구축 등의 사회적 기반 조성을 제시했다.

하늘이 온화한 양기陽氣로 만물을 따뜻하게 불어주니, 왕자王者도 인자한 은택으로 백성들을 감싸고 보호해야 한다. 『서경書經』에서는 "백성을 보기를 다친 자를 돌보듯 한다視民如傷"고 했고, 또 "마치 갓난아이를 보호하듯 한다如保赤子"고 했다. "다친 자를 돌보듯 한다"고 하고 "마치 갓난아이를 보호하듯 한다"고 한 것이 어찌 그냥 한 말이겠는가? **다친 자를 돌보듯 한다면 반드시 안정시킬 방도를 생각할 것이고, 보호하듯 한다면 역시 보양할 방도를 생각할 것이다. 안정시키고 보양하는 데는 방도가 있으니, 맹자는 "항산이 있으면 항심이 있게 된다有恒産, 則有恒心"고 하였다. 무릇 그 생업을 풍부하게 하고 그 재물을 넉넉하게 하는 것은 무언가를 내려줌으로써 할 수 있는 게 아니다. 온 나라의 우리 백성들로 하여금 농업과 양잠업을 부지런히 하게 하되 요역**徭

役과 부세賦稅를 가볍게 하여 위로는 부모를 섬기고 아래로는 처자를 양육하게 하며, 가혹한 수탈의 고통을 없애고 안정된 생활의 즐거움을 지니게 하면, 백성의 살림을 풍족하게 만들려고 시도하지 않아도 저절로 풍족해지고 백성의 마음을 안정시키려고 시도하지 않아도 저절로 안정된다. 그러므로『서경』에서 "백성은 나라의 근본이니 근본이 든든해야 나라가 평안하다民惟邦本, 本固邦寧"는 것은 바로 이것을 말하는 것이다. 비록 그렇지만 그 생업을 풍부하게 하고 재물을 넉넉하게 하는 방도는 내가 위에서 홀로 운영할 수 없으며, 참으로 걱정을 나누는 지방관들이 내 지극한 뜻을 유념하여 풍교風敎를 받들어 교화를 널리 펴서 은택이 아래로 닿도록 하는 데 달려 있다. (……) 아! 만약 백성의 살림을 안정시킨 뒤에 또 보양했다면 의식이 풍족하여 예절을 알게 될 것이다. 무릇 이와 같다면, 어찌 풍속風俗이 어그러지고 인재人材가 일어나지 않음을 걱정하겠는가? 어찌 기강紀綱이 무너지고 재용財用이 고갈됨을 근심하겠는가? 또한 어찌 반역의 무리들이 연이어 생겨나고 나라의 형편이 불안정하겠는가?"

『일성록日省錄』, 정조 2년 무술戊戌년(1778) 음력 1월 1일이 기록은 직업의 직분적 측면보다 생업적 측면을 배려하는 유교사회의 전통적 관점을 잘 보여준다. 항심보다 항산을 배려한 까닭은 몸의 작용이 생존을 위한 필요조건이자 생명유지의 기본 토대이고, 항심이라는 안정적 마음의 지속은 사회적 생활을 위한 충분조건이자 문화적 생활 향유의 관건이기 때문이다. 그리하여 맹자의 정신을 계승하고 발전시킨 정조는 생업의 보양을 강조하면서 생물학적 생존 이후에야 비로소 인간다운 사회문화적 생활이 가능하다는 점을 충분히 고려했으며, 생업의 기반을 안정시키는 민생 안정을 인간다운 가치를 실현하는 직분의 교화敎化보다 중시했던 것이다.

인간다운 삶은 '생업의 보양'에서 시작되지만, 완성은 '직분의 교화'에서 이루어진다. 이런 맥락에서 군자와 소인은 직역職役이 정치적 교화 활동과 경제적 생산 활동으로 분화되고, 생업이 정신노동과 육체노동으로 분업되었다. 하지만 양자 모두 공의公義 또는 공동선共同善, bonum commune을 향해 호혜적으로 협력하고 공동체를 이룩함으로써 바람직한 가치를 구현하여 이상적 질서를 유지한다는 점에 주목해야 한다. 조선 시대에는 이러한 맹자 정신을 계승하여 항산을 추구하는 백성들을 항심을 유지하는 선비가 이끄는 사회를 이상적 모델로 삼았다. 이렇듯 경제적 기반을 든든하게 하는 민생 안정을 유교적 정치이념인 왕도王道의 근간으로 삼은 맹자의 정신은 조선 시대 민본民本 정치는 물론 현대 한국의 민주주의에 이르기까지 한국인의 문화적 에토스ethos이자 기본적 상식으로 면면히 계승되고 있다.

나아가 직업은 사회적 안전망이기도 하다. 항산의 경제적 생업과 항심의 사회적 직분으로 구성되는 직업은 그 자체로 지속성과 일관성을 갖고 사회적 안전망의 기능을 수행한다. 전통적 유교사회는 직업을 통해 사익을 추구하는 소인과 공의를 추구하는 군자의 합리적 구분 위에서 생업 마련을 위한 '양민養民'과 바람직한 직분 실천을 위한 '교민敎民'의 과제를 구현했는데, 그중 양민은 일종의 사회적 안전망으로 기능했다.

실제로 맹자의 '인정仁政'은 생업의 민생 안정을 근간으로 삼고 그 위에서 정치적 교화를 하도록 한 구상이다. 그리고 이러한 내용은 조선에서 향약鄕約의 이념으로도 구현되었다. 조선의 향약은 주현州縣향약의 기틀을 마련한 율곡栗谷 이이李珥(1536~1584)가 제시했던 것처럼 맹자의 왕도정치 이상에 따라 '양민'의 토대 위에서 '교민'의 과제를 수행하기 위해서 '생존을 위한 상부상조'를 앞세우고 그 위에서 '공동선을 추구하고 바람직한 호혜적 관계를 구성하는 도덕적 교화'를 추진하고자 했다. 그리하여 조선의 향약은 왕도정치나 인정을 지역 공동체 차원에서 자율적으로 실현하는 이상을 지니고 있었으며, 도덕적 헌신과 사회적 연대를 통해 공감과 배려로 나타나는 '충서忠恕'의 정신을 강조하기도 했다.

특히 향약은 지역 공동체 내에서 각종 위험이나 위기로부터 최소한의 생존권을 보장하고 상호 이익 충돌의 갈등을 최소화하며, 타인을 배려하는 협력과 호혜의 건강하고 긍정적인 시스템을 구축하는 이상을 지니고 있었으며, 그러한 이상을 상당 부분 구현하기도 했다. 향약은 물질적 가치의 소비와 사적 이익(利)의 극대화를 지양하고 규범적 가치의 실현과 공적인 공동선의 조화(義)를 지향하면서 도의적 가치의 공동선을 함께 실천하고 조화로운 인간관계의 상호 협력 질서를 구축하려고 한다. 따라서 향약은 경제적 이익이나 개별적 취미 혹은 특수한 목적의 실현을 목표로 구성되는 자발적 결사체보다는 공동체의 성격이 강하다는 점에서 계契와 구별되는 지역 공동체다. 또한 수평적-수직적 네트워크를 유기적으로 구성하여 지역 공동체 내부의 대립과 갈등의 문제점을 협력적 활동과 호혜적 관계를 통해 해결하는 사회적 안전망이라고 할 수 있다.박종천

2017a, 2017b

이런 호혜적 정신은 민생과 생업을 위한 일자리 대책과 연계시킬 수 있다. 먼저 민생과 생업을 위해 생필품을 생산하고 유통하는 필수적인 활동과 연관된 기본적인 직업들이 있다. 동아시아에서는 전통적으로 직업을 4종으로 분류했다. 『서경』에서는 "사공司空은 나라의 땅을 관장하여, 사민四民을 거주하게 하고, 때에 맞게 지리地利를 활용한다[6]"고 했다. 『춘추곡량전春秋穀梁傳』의 성공成公 원년元年조를 보면, 사민은 사士·농農·공工·상商이다. 이러한 직업군은 대체로 사회를 유지하고 운영하는 데 필수적인 지식의 생산과 전승, 농업 노동, 공업 기술, 상업 유통 등을 담당하기 때문에 사회적으로 인정받는 부류들이었다.

그러나 이러한 사민에도 들어가지 못한 채 잡일雜事을 하는 사람들도 있었다. 예컨대 분뇨를 처리하는 사람들이나 기근이나 질병으로 죽은 시신을 묻어주는 매골승埋骨僧처럼 사회적으로 꺼리는 일을 수행하는 직업도 있

었고, 소설을 흥미진진하게 읽어주는 전기수傳奇叟나 여성들의 머리 타래를 만드는 머리장식 디자이너인 가체장加髢匠처럼 문화예술적 욕망을 채워주는 직업도 있었다.강문종 외 2020 이런 직업들은 사민처럼 먹고사는 민생과 사회질서 유지를 위해 필수불가결한 것은 아니지만, 삶을 즐겁고 행복하게 만들어주는 윤활유 역할을 한다.

이런 잡직雜職에 속하는 직업은 사회적으로는 제대로 대우받지 못했다. 하지만 조선에서는 소외된 사람들을 위한 직업적 배려가 있었다. 개인의 의지로 자유롭게 직업을 선택하는 현대 사회와는 달리, 조선 시대에는 왕족, 양반, 중인, 하인, 천민의 사회적 계급에 따라 직업 선택에 일정한 제약이 있었다. 예컨대 중인中人들은 문과文科에 지원할 수 없었으며, 외국어 통역에 종사하는 역관譯官이나 병을 치료하는 의원醫員처럼 전문기술직을 담당했다.허경진 2015 신분에 따른 직업 선택의 제약은 분명한 사실이지만, 이는 달리 생각해 보면 특정 신분의 직업을 다른 신분이 침해하지 않도록 직업의 안정성을 보장하는 효과도 일부 있다. 특히 후천적으로 시각장애를 지니게 된 세종世宗대왕이 시각장애인 음악가들을 위한 관현맹인管絃盲人 제도를 마련하고 시각장애인을 선발하여 천문天文과 역수曆數 등을 담당했던 서운관書雲觀에서 교육시켜 운명을 점치는 전문직으로 선발하는 명과학命課學 제도를 운영한 사례 등은 사회적 약자를 위한 직업적 배려라는 점에서 주목할 만하다.[7]

이러한 사례는 모두 '사회적 약자의 고통 최소화'라는 원칙에서 대단히 긍정적이다.손봉호 1995 고통은 원초적 경험이자 주관적 경험이어서 남과 나누기 힘든 것인데, 사회적 약자에게 직업의 사회적 안전망을 제공하는 배려를 통해 그들의 고통을 최소화하는 노력이었기 때문이다. 사람들은 흔히 '최대 다수의 최대 행복'이라는 벤담Jeremy Bentham(1748~1832)의 구호에 따라 개인의 쾌락과 집단의 쾌락을 조화시키려고 하지만, 쾌락이나 즐거움의 행복을 증진시키기보다는 고통의 불행을 최소화하는 것이 사회적으로 더 시급한 문제다. 특히 사회적으로 가장 약한 사람들의 고통에 대한 공감과 배려는 사회적 안전망이라는 차원에서 아무리 강조해도 지나치지 않은 것이다.

요컨대 사회적 약자에 대한 공감적 배려는 '인정'의 핵심 과제로, 백성들의 생업과 항산의 보장, 공평한 교육 혜택, 소외되는 사람 없이 사회적 약자를 돌보는 보

양 등의 조치를 통해 구체적으로 구현된다. 이런 맥락
에서 조선이 맹자의 이념을 구현하는 과정에서 정치사
회적 질서와 도덕윤리적 규범의 구현에 앞서 그 기반이
되는 생업의 보호와 민생의 안정 및 사회적 약자 배려
등을 강조하고 실천했다는 점은 미래의 바람직한 대한
민국을 위해서도 깊이 숙고해볼 만한 대목이다.

3 몰입과 직업의 가치:
일을 하는 보람, 일을 누리는 즐거움

지금까지 사람들이 생계를 해결하고 사회적으로 인정받기 위해 직업을 구하고 국가가 직업을 통해 생업의 보장과 사회적 인정은 물론 사회적 안전망과 약자에 대한 사회적 배려까지 제공하려고 노력한다는 점을 살펴보았다. 이러한 목적은 궁극적으로 개인과 사회의 행복 증진을 향한다.

인간은 누구나 행복을 바란다. 행복을 바라기 때문에 일을 하는 것이다. 우리는 일을 통해 행복을 추구하지만, 일을 통해 누리는 행복에는 깊이의 층차가 존재한다. 공자는 "아는 것은 좋아하는 것보다 못하고, 좋아하는 것은 즐기는 것보다 못하다"[8]고 말했다. 이에 대해 주자朱子(1130~1200)는 『논어집주論語集註』에서 '지知'는 알기만 하고 그 앎을 자기 것으로 만들지 못한 단계고, '호好'는 좋아하지만 앎이 부족한 상태며, '낙樂'은 아는 것을 자기 것으로 만들어 자유롭게 누리는 단계를 뜻한다고 설명한 바 있다. 따라서 인지가 직업 활동의 내용을 이해하고 익히는 과정이라면, 기호는 일에 대한 취미나 취향의 선호 양상을 뜻하며, 향유는 일에 몰입하여 일과 혼연일체가 되어 누리는 즐거움을 말한다. 직업적 일하기도 이처럼 인지, 기호, 향유의 세 상태에 따라 달라진다. 실제로 일을 처음 접하는 초심자 수준에서는 내용을 알아가기에도 바쁘지만, 일정하게 이해하고 나면 일에 대한 흥미와 매력을 느끼게 되고, 숙련도가 완숙하게 되면 노련한 솜씨로 자유롭게 응용하면서 일을 향유하는 즐거움이 나타나게 마련이다.

직업 활동을 하다 보면 사회적 인정을 받으면서 일에 대한 자긍심이 생기지만, 일이 아직 익숙하지 않은 직업 활동 초기에는 처음 접하는 일에서 느끼는 생경함이나 일의 무게에 대한 심리적 부담 때문에 상당히 힘들 수도 있다. 어쩌면 처음 생각했던 것과 다른 일의 실제 모습에서 회의감까지 생길지도 모른다. 하지만 초기의 어려움을 극복하고 일에 익숙해지는 과정에서 다른 사람들의 인정과 격려를 받으면 자긍심이 생기거나 미처 생각하지 못했던 부분에서 일하는 보람을 느낄 수도 있다.

그러나 일을 하는 보람과 일을 향유하는 즐거움은 남들의 인정에 따라 좌우되지 않는다. 보람과 즐거움은 궁극적으로 스스로 느끼는 만족감이기 때문이다. 그렇다면 우리가 직업을 통해 자신이 하는 일을 제대로 알고 좋아하며 자발적이고 주체적으로 즐기면서 행복을 누리려면 어떻게 해야 할까? 직업을 통해 행복을 제대로 온전하게 향유하려면 몰입flow이 필요하다.

몰입이란 도전과 기술, 행동 기회와 행동 능력이 모두 지나치지도 않고 모자람도 없을 때 최적화된 즐거운 상태를 말한다. 직업에서 몰입의 즐거움을 누리려면 일이 너무 간단하거나 쉬워서 지루하지도 않고 너무 어렵거나 버거워서 불안하지도 않아야 한다. 모자람과 지나침이 없는 적정한 상태여야 하는 것이다. 만약 개인이 지닌 능력이나 기술이 직업 활동에서 요구하는 도전 과제나 행동 기회보다 높으면 너무 쉬워서 지루해지고, 반대로 능력이나 기술이 도전 과제와 행동 기회보다 낮으면 너무 어려워서 불안해지게 마련이다. 지루하지도 않고 불안하지도 않은 몰입의 적정 상태라야만

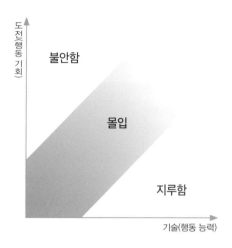

몰입 경험의 구조

도전(행동 기회)

불안함

몰입

지루함

기술(행동 능력)

충분히 몰입하여 일하는 즐거움을 제대로 누릴 수 있다.
Csikszentmihalyi 1975, 1988, 1990

한편 몰입은 적절한 대응을 요구하는 뚜렷한 목표가 있을 때 즉각적인 피드백feedback이 나타나며, 경험 그 자체가 목적이 되는 자기목적적autotelic 열정을 지닐 때라야 그 가능성이 커진다.Csikszentmihalyi 1990, 43~70 그런데 특정한 일은 다른 목표를 이루기 위한 수단이 아니라 그 자체가 목적이 될 수 있다. 즉, 돈벌이가 목적이 아니라 일 그 자체가 목적이 된다면 몰입의 효과는 극대화될 것이다. 따라서 직업을 특정한 목적을 이루기 위한 수단으로 삼기보다는 일 그 자체를 즐기는 장場으로 이해하고 접근할 때 우리는 일에 충분히 몰입하여 일이 주는 행복을 만끽할 수 있다. 일 자체에 몰입할 때 우리는 일하는 즐거움을 충분히 향유할 수 있는 것이다.

그런데 몰입 효과를 극대화하는 일의 특성은 무엇일까? 몰입하는 일의 특성에 따라 일을 통해 향유하는 가치도 달라진다. 플로슈Floch의 기호사각형에 잘 나타나듯이, 우리가 상품을 소비하거나 특정한 경험을 할 때 향유하는 가치는 크게 실용적 가치, 비판적 가치, 유토피아적 가치, 유희적 가치라는 범주로 나눌 수 있다. 예컨대 우리가 자동차를 소비할 때 느끼거나 중시하는 가치로는 신속한 이동과 안락한 승차감이 주는 실용적 가치, 구입비용과 자동차의 품질이 주는 비판적 가치, 운전 경험이 선사하는 모험과 새로운 인생의 정체성이라는 유토피아적 가치, 세련미·사치·과시 욕구 등을 반영하는 유희적 가치가 있다. 이 중 유토피아적 가치는 실용적 가치와 범주적 대립으로 상반관계가 되고, 유희적 가치는 실용적 가치와 결여적 대립으로 모순관계가 된다. 이에 비해 의미와 재미, 즉 유토피아적 가치와 유희적 가치는 양립 불가능한 것이 아니라 상보적 관계를 형성한다. 이를 기호학적으로 표현하면 수단활용적 문화 경험은 실용적 가치나 비판적 가치를 추구하는 반면, 자기목적적 문화 경험은 유토피아적 가치나 유희적 가치를 지향하게 된다. 예컨대 자기목적적 문화 경험이라는 점에서는 동일하지만, 종교문화가 의미를 지향하는 유토피아적 가치를 추구한다면, 대중문화는 재미를 소비하는 유희적 가치를 향유한다고 설명할 수 있다.Jean-Marie Floch 2003; 박종천 2010

직업 역시 이런 기호사각형으로 생각해볼 수 있다. 우리가 직업을 통해 얻는 가치 역시 실용적 가치, 유토피

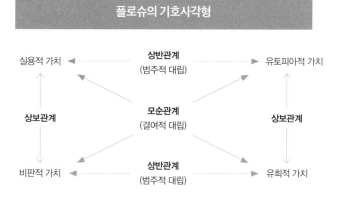

플로슈의 기호사각형

실용적 가치 ◄┄┄┄┄ **상반관계** ┄┄┄┄┄► 유토피아적 가치
(범주적 대립)

상보관계   **모순관계**   **상보관계**
(결여적 대립)

비판적 가치 ◄┄┄┄┄ **상반관계** ┄┄┄┄┄► 유희적 가치
(범주적 대립)

아적 가치, 비판적 가치, 유희적 가치로 구분할 수 있다. 예컨대 직업으로 돈을 벌어서 생계를 유지하는 것이 실용적 가치라면, 돈과 무관하게 직분 수행을 통해 사회적으로 인정받고 보람을 얻는다면 그것은 유토피아적 가치다. 직장의 분위기가 주는 안정감을 누린다거나 다른 일에 비해 상대적으로 좋은 조건을 누리는 것이 비판적 가치의 구현이라면, 자신의 취향을 실현하거나 일하는 즐거움 자체를 즐기기 위해 직업 활동을 한다면 그것은 유희적 가치의 실현이다.

여러분은 직업을 통해 어떤 가치를 추구하겠는가? 예컨대 하기 싫어도 돈을 벌기 위해 어쩔 수 없이 해야 하는 직업 활동이 있다면, 직업이 돈을 벌어서 생계를 유지하는 것일 뿐이므로 직업 활동을 통해 단순히 생업의 실용적 가치만을 얻게 된다. 한편 직업의 목표가 이웃들과 함께 소통하며 살아가는 공동체를 일구는 것이라면 그것은 직분의 유토피아적 가치를 실현시키는 일이 된다. 자신만의 자아실현을 이루는 비판적 가치를 구현하는 것일 수도 있고, 그저 일 자체를 게임처럼 즐긴다면 유희적 가치를 드러내는 것일 수도 있다. 과연 직업은 이러한 가치들 중에서 여러분에게 어떤 의미인가?

4 직업으로 실현하는
욕구의 다면적 양상과 발전적 단계

한편, 직업은 인간의 다양한 욕구를 실현하는 통로이기도 하다. 인간은 직업을 통해 어떤 욕구를 실현하는 것일까? 인본주의 심리학자 매슬로Abraham H. Maslow(1908~1970)는 인간의 욕구를 5단계의 욕구 이론need theory으로 정립했다.Abraham H. Maslow 1970 이것은 나중에 8단계 욕구 이론으로 확장되기도 했다. 5단계 욕구 이론에 따르면 인간은 평생 생리적 욕구, 안전의 욕구, 애정과 소속의 욕구, 존경의 욕구, 자아실현의 욕구라는 5가지 욕구를 추구한다. 이 중 생리적 욕구는 생존과 관련된 인간의 기초적인 욕구를 말한다. 먹는 욕구, 수면 욕구, 종족번식의 성적 욕구 등이 그것이다. 안전의 욕구는 확실한 것, 질서, 안전함 등의 욕구로 경제적

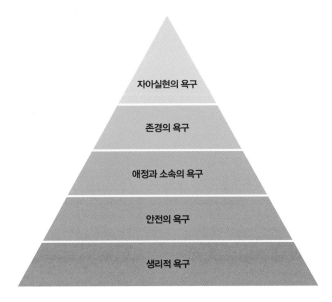

매슬로의 5단계 욕구 이론

자아실현의 욕구

존경의 욕구

애정과 소속의 욕구

안전의 욕구

생리적 욕구

안정, 보험 등이 있다. 애정과 소속의 욕구는 사랑하는 사람에 대한 욕구와 회사나 단체에 소속되고 싶은 욕구를 말한다. 동아리 활동이나 공동체 활동을 하는 것이 이 욕구와 연관이 있다. 존경의 욕구는 남에게 인정받고 싶은 사회적 인정의 욕구다. 마지막으로 자아실현의 욕구는 다른 욕구가 모두 충족된 이후에도 여전히 남는 내면적 욕구로, 모르는 것을 배우고자 하는 인지적 욕구, 아름다움에 대한 심미적 욕구, 초월적 욕구 등으로 세분화된다.

이 가운데 생리적 욕구부터 존경의 욕구까지는 저차원의 결핍 욕구인 반면, 자아실현의 욕구 단계인 인지적 욕구, 심미적 욕구, 자아실현의 욕구, 초월적 욕구는 고차원의 성장 욕구다. 또한 이러한 욕구들을 자세하게 살펴보면, 육체적 생존으로부터 시작해서 사회적 인정을 거쳐 정신적이고 초월적인 욕구로 상승하는 양상을 확인할 수 있다. 달리 이야기하면 육$_{body}$-혼$_{mind}$-영$_{spirit}$ 순으로 상승하는 것이다. 흥미로운 점은 저차원의 결핍 욕구와 고차원의 성장 욕구가 항산과 항심, 생업과 직분 등과 일정하게 연계된다는 점이다. 직업을 통해서 결핍된 생존의 욕구를 채우는 생업과 존재의 상승을 도모하는 직분의 실현이 이루어지고 있는 셈이다. 요컨대 직업을 통한 욕구 실현은 다면적 차원을 지니고 있으며, 따라서 사람마다 관심과 욕구에 따라 직업을 선택하고 종사하는 양상은 다양할 수밖에 없다.

이렇듯 직업과 연계되는 다면적 욕구는 해당 직업

에서 요청되는 탁월함의 '덕德, arete'을 갖출 때 온전하게 실현될 수 있다. 고대 그리스의 플라톤Platon(B.C. 428?~B.C. 424?)의 이상국가론과 '네 가지 주된 덕cardinal virtues'에 대한 설명은 그러한 사고를 극명하게 보여준다. 플라톤은 인간의 육체를 크게 머리, 가슴, 배로 나누고, 육체의 각 부위에 대응하는 영혼의 구성 부분을 이성, 기개, 욕망으로 대응시켰다. 올림픽에서 금메달, 은메달, 동메달로 승리자의 성취를 기념하는 것이나 진眞, 선善, 미美의 덕을 설명하는 것도 이런 구분과 연관된다.

플라톤의 구분과 이상국가

육체	영혼	이상국가의 계급질서	덕
머리(금)	이성	통치자(종교, 철학)	지혜
가슴(은)	기개	수호자(정치, 군사)	용기
배(등)	욕망	생산자(농공상의 생업)	절제

* 지혜·용기·절제를 조화하는 네 번째 덕목이 '정의'다.

직업, 보람과 즐거움의 이중주

나아가 플라톤의 이상국가를 구성하는 계급질서도 통치자(종교, 철학), 수호자(정치, 군사), 생산자(농공상의 생업)로 나누고, 그들이 지녀야 할 덕목으로 각각 지혜, 용기, 절제를 설정한 것도 앞서 설명한 내용과 유기적으로 연결되어 있다. 이 세 가지 덕목을 조화하는 '정의'의 덕목을 합쳐서 4주덕cardinal virtues이라고 한다. 다만 절제의 덕은 인간이 욕망으로 인해 타락하지 않도록 하면서 이성과 기개가 제 역할을 할 수 있도록 하는 덕목이고, 이성, 기개, 욕망 모두와 연관하여 모든 계급에 필요한 공통 덕목이라는 점에 유의해야 한다. 절제가 공통인 까닭은 모든 존재에게 육신이 기본이기 때문이다.

그러나 육체적 욕망, 정신적 기개, 영적 이성의 구분만큼은 존재의 위계질서로서 가치의 위계질서 혹은 사회의 위계질서와 유기적으로 연계된다. 고대에는 직업과 계급이 대체로 일치했다. 따라서 고대 그리스인들의 계급군 혹은 직업군 구분은 영적 이성, 정신적 기개, 육체적 욕망에 각각 대응하는 철학자, 정치가, 생산자로 나뉘었다. 이것은 인도의 계급 구조와도 상통한다. 흔히 카스트caste 제도로 알려진 인도의 바르나varna 구분은 제사의식을 거행하는 종교적 스승 혹은 성직자인 브라만

Brahman, 정치와 군대의 지도자인 귀족 무사 계급의 크샤트리아Kshatriya, 농민·공인·상인으로 구성되는 평민인 바이샤Vaisya, 가장 열악한 노동자 하인인 수드라Sudra로 구분된다. 따라서 육체적 욕망을 다루는 직업인에게는 절제의 덕이 필요하고, 정신적 기개를 드러내는 직업인에게는 용기의 덕이 요청되며, 영적 이성을 발휘하는 직업인에게는 지혜의 덕이 있어야 한다. 이러한 세 가지 덕이 조화를 이룰 때 정의의 덕이 온 사회를 밝힐 것이다. 욕구의 다면적 차원이 직업의 양상을 조율하고, 직업의 유형에 따라 필요한 덕의 특성이 달라지는 것이다.

더욱 흥미로운 것은 이러한 육체와 영혼의 3분법이 인간의 3층 뇌 구조와도 일정하게 조응한다는 점이다. 현대 뇌과학에 따르면 인간의 뇌는 유기적 생명의 중추이면서 신경세포들이 복잡하게 연결된 유기체이다. 인간은 전체 체중에서 뇌가 차지하는 비중이 1/40에 이를 만큼 모든 동물 중에서 뇌의 비중이 가장 높은 영장류 동물이라는 점에서 다른 동물보다 뇌가 특별히 발달했다.서유헌 2013

그런데 실제로 해부해보면, 인간의 뇌는 단일한 조직

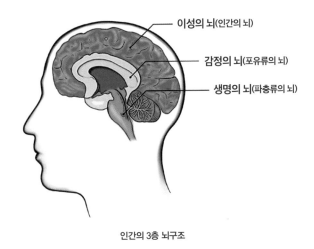

이성의 뇌(인간의 뇌)

감정의 뇌(포유류의 뇌)

생명의 뇌(파충류의 뇌)

인간의 3층 뇌구조

이 아니라 3층으로 구성되어 있다. 그중 뇌의 가장 아래
쪽인 1층은 뇌줄기와 소뇌로 구성되어 있고 호흡, 심장
박동, 혈압 등 생명을 조절하는 '생존의 뇌'며, 5억 년 전
에 파충류에서 처음 발생했다고 해서 '파충류의 뇌'라
고도 한다. 2층 변연계는 뇌줄기와 대뇌피질 사이에 있
으며 해마와 편도체로 인해 기억과 공포 등을 느낄 수
있는 '감정의 뇌'며, 2억~3억 년 전에 포유류에서 발생
했기 때문에 '포유류의 뇌'라고도 한다. 3층 대뇌는 말
하고 생각하며 창의력을 발휘하는 주체로서 2층의 감

정과 본능을 제어하는 '이성의 뇌', '영장류의 뇌'라고
한다.서유헌 2013

　이러한 3층의 뇌 구조는 진화의 발전 단계와도 상응
한다. 파충류의 뇌, 포유류의 뇌, 영장류의 뇌는 각각 생
존의 뇌, 감정의 뇌, 이성의 뇌며, 플라톤이 제시한 욕망,
기개, 이성이라는 영혼의 구분에도 대응된다. 개인이든
사회든 모두 마음과 몸의 두 가지 혹은 영(이성)-혼(감
성)-육(생존)의 세 가지 차원을 지닌 존재로서 다양한 결
핍과 성장의 욕구를 추구하는데, 그것이 직업을 통해서
우리가 성취하는 가치들이다. 직업은 배, 가슴, 머리 등
의 육체와 욕망, 기개, 이성 등의 정신이 제 기능을 충분
히 수행하도록 절제, 용기, 지혜, 정의의 가치와 탁월함
의 덕을 익히는 삶의 과정인 셈이다.

3장

직업의 과거 양상과
현재 변화, 그 빛과 그림자

1 조선 시대 직업관의 전통과 혁신

조선 시대 직업관은 맹자의 전통을 계승한 성리학에 입각하여 이루어졌다. 실제로 조선 시대에 사회의 지도자로서 군자를 자임한 유교 지식인인 선비들은 성리학의 유교적 가르침을 우주와 인간을 포괄하는 보편적 지식 체계인 '대도大道'로 설정했고, 선비들의 다스림을 받던 소인들은 농사, 군사, 의료, 점복, 기술 등 특정한 영역에서 현실적 효용성이 있는 특수한 전문 지식인 '소도小道'를 통해 생계를 유지했다.박종천 2016 소도는 유교적 관점에서 볼 때 불교나 도교처럼 사회질서를 저해하는 '이단異端'이나 '사도邪道'와는 달리 일정한 효용성을 인정받았다. 다만 소도의 전문가들은 사회를 운영하는 보편적인 지식인인 대도의 군자들이 펼치는 가르침에 따라야 했다. 따라서 조선은 군자와 소인, 대도와 소도의 사회적 위계질서가 구축된 사회라고 할 수 있다.

그러나 성리학이 보편적이고 종합적인 군자의 운영 능력을 강조하다 보니, 개별적이고 전문적인 소인의 실무 능력이 부족하다는 문제에 봉착하게 된다. 이에 따라 조선 후기에는 이러한 현실적 문제에 대한 실학자들의 날카로운 비판과 반성적 성찰이 제기되었다. 조선 후기 실학자들은 군자의 종합적 통찰력과 소인의 실무적 효용성을 겸비하여 전통적으로 '소도'로 폄하되던 새로운 지식이나 기술에 열린 태도로 접근함으로써 동양과 서양, 전통과 현대, 문과와 이과를 자유롭게 넘나들며 다양한 지식을 유기적으로 연결하는 르네상스적 지식인의 역량을 발휘했다. 아울러 외국의 기술 혁신과 그 성과를 적극 수용하는 과감한 모습도 보여주었다. 이에 따라 직업관도 성리학으로부터 실학으로 상당히 변화하게 된다. 이러한 직업관의 변화는 박세당 朴世堂(1629~1703), 유수원柳壽垣(1694~1755), 정약용丁若鏞 (1762~1836) 등의 논의에서 특히 잘 나타난다.

먼저 박세당은 정신노동에 종사하는 군자인 양반과 육체노동에 종사하는 소인인 상민을 철저하게 구분하던 성리학적 전통을 넘어서는 사상과 실천을 선보였다.박종천 2017a 생계를 노비와 머슴들에게 의존했던 다른 양반들과는 달리, 박세당은 벼슬에서 물러났을 때 석천동에서 직접 농사를 지으면서 하루 종일 농부나 야인野人과 함께 어울려 격의 없이 지냈다.[9] 이는 양반과 상민의 계급적 위계질서를 허문 이색적이고 파격적인 행보였다. 그는 '사농일치士農一致'의 실천을 통해 학문과 정치라는 정신노동에 힘쓰는 군자와 농사와 육체노동에 종사하는 소인의 차별적 위계질서를 정당화하고 합리화했던 전통적 직업관에 정면으로 도전했던 것이다.

그런데 어떻게 이러한 일이 가능했을까? 박세당은 농사란 비록 사회를 이끄는 군자가 배워야 하는 대도와는 구별되는 소인의 소도이지만, '성인들도 몸소 배워서 백성들을 가르친 사업'으로서 민생民生의 근본이자 경세經世의 중요한 도리라고 강조했다.[10] 나아가 양반들도 정치를 할 때에는 군자로서 대도의 정신노동을 직분으로 삼지만, 벼슬에서 물러났을 때에는 농사짓는 야인으로서 육체노동을 하는 것을 생업으로 삼아 힘써야 한다고 역설했다.[11] 이러한 의식은 군자와 소인, 양반과 야인의 구분이 사회적 명분에 따른 기능적 분화일 뿐임을

서계 박세당 초상 (출처: 한국학중앙연구원 장서각)

직업, 보람과 즐거움의 이중주

분명하게 밝히고, 양반과 일반 백성의 사회적 지위는 상황에 따라 군자에서 야인으로, 야인에서 군자로 상호 이동이 가능함을 분명하게 드러낸다는 것에 주목할 만하다.

한편 박세당의 귀농 생활은 한가로운 전원생활을 즐기거나 개인적 안녕을 도모하는 낭만적인 직업 활동이 아니라 부족한 개인적 지식과 힘든 사회적인 환경으로 인해 피폐해진 시골의 농민들에게 농사 지식과 기술을 공유함으로써 민생의 안정을 도모하고 지속적으로 함께 살 수 있는 마을 공동체의 상생 기반을 구축하는 프로젝트였다.[12] 인생 이모작, 귀농, 귀촌, 사회적 기업 등의 사회적 트렌드가 새롭게 부각되고 있는 현재적 관점에서 보더라도 박세당의 귀농 프로젝트는 개인적 이익과 안녕보다는 공동체 차원의 상생과 공영을 모색한다는 점에서 주목할 만하다. 특히 사회적 지위와 명분의 차이는 있지만, 정신노동과 육체노동, 정치 활동과 경제 활동이 상호 이동 가능한 것이라는 점에서 그의 프로젝트는 개방적이고 호혜적인 사회적 연대를 활성화했다.박종천 2017a 나아가 다양한 직업에 대한 존중을 통해 사회적 위계질서의 지나친 폐해를 완화하고, 직업의 자유로운 전환과 직업 간의 조화로운 협력 활동을 통해 바람직한 직업 생태계를 구축하는 데도 일정하게 기여할 수 있다는 점에서 주목할 만하다.

이와 비슷한 또 다른 사례는 이중환李重煥(1690~1756)의 『택리지擇里志』 중 「사민총론四民總論」에서도 찾아볼 수 있다. 이중환은 사·농·공·상의 사민에 대해 설명하는 과정에서 생계유지를 위한 직업 활동으로서 생리生利를 강조하는 한편, 사·농·공·상이 모두 민民의 범주에 속하며 능력(賢, 德)과 상황에 따라 직업의 변화가 가능하다는 점을 분명하게 밝혔다. 특히 능력으로 인해 발탁되어 정치에 복무하면 정신노동의 종합 관리직인 사대부가 되고 그렇지 않으면 각자 처한 환경에 따라 육체노동의 전문 기술직인 농·공·상이 되는 것인데, 농·공·상이 사대부를 부러워하거나 사대부가 농·공·상을 업신여긴다면 근본을 모르는 것이라고 비판했다.[13] 이런 관점에서 보면 직업의 종류는 능력과 상황에 따라 차이가 있지만, 능력이 다르거나 상황이 바뀌면 그에 따라 바뀔 수 있는 것이기도 하다.

이러한 변화를 거쳐서 완성된 직업론의 백미는 유수원柳壽垣의 『우서迂書』에서 잘 드러난다. 유수원은 사·농·공·상의 사민이 직업을 가지고 제대로 활동할 때 비로소 개인적으로는 가난에서 벗어나고 국가의 재정도 충분히 유지될 수 있다고 역설했으며, 사회적 명분과 지위도 선천적으로 불변인 것이 아니므로 교육을 통해 상당한 변화와 발전이 가능하다는 점을 분명하게 강조했다.[14] 아울러 현대의 대기업과 중소기업이 서로 상생의 협력관계를 만드는 것처럼, 부유한 상인과 가난한 세약 소민細弱小民의 호혜적 결합을 역설하기도 했다. 이는 직업의 사회적 안전망 역할과 사회적 약자에 대한 배려, 상생과 공영을 위한 직업 생태계의 사회적 구축이라는 점에서 주목할 만하다.

먼저 유수원은 성과나 능력보다는 문벌門閥의 세습으로 직업도 세습되는 당시의 불공정하고 불평등한 세태를 강하게 비판했다.[15] 아울러 후천적인 노력에 의한 재능과 학식의 발휘를 제도적으로 막는 문제점을 시정할 것을 주장했다. 그는 보편적인 의무교육과 공정한 과거시험과 공평한 기회를 제공하는 기초 위에서 문벌의 신분 세습을 벗어나 학식과 능력에 따른 직업 선택의 자유를 통해 조화롭고 효율적인 직업 생태계가 이루어지기를 바랐다.

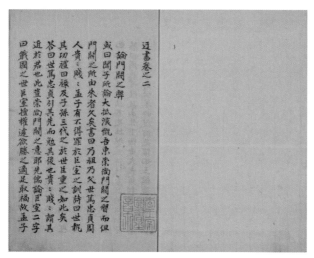

『우서』의 「논문벌지폐論門閥之弊」 (출처: 한국학중앙연구원 장서각)

농·공·상의 자제를 가릴 것 없이 재능과 학식이 있어서
과거에 합격하는 데에 조금도 장애가 없으면, 인사人事를
조금 안다는 사람들이 농·공·상을 싫어하고 천대할 이
치가 어디에 있겠는가? 과거에 응시하고자 해도 학문
이 없어 요행을 바라기가 어렵고, 음서蔭敍로 벼슬을 하
고자 해도 법제가 매우 엄격하여 형세로도 얻을 수 없
어서, 홀로 아득히 아무런 희망도 없고 아무런 할 일도
없으면, 저절로 흥미가 없어져서 각자 직업으로 삼을
것을 찾지 않을 수 없게 될 것이다.[16]

또한 선천적인 출신에 따라 부여되는 신분身分이 아니라 후천적인 노력과 능력에 따라 획득할 수 있는 직분으로 직업을 이해함으로써 다양한 직업군에 대한 공평한 사회적 인정의 토대 위에서 직업 선택의 자유와 직업 활동의 자율성을 보장해야 한다고 하였다. 유수원은 모든 직업의 균등한 가치를 인정한 토대 위에서 직업의 선택을 국가의 지시나 통제가 아니라 개인의 의사에 따라 자유롭게 결정할 수 있는 자유를 보장하여 사·농·공·상에 종사하는 사람들이 각자 천부적인 재질을 살려 적절한 직업 활동을 수행함으로써, 사람들이 빠짐없이 직업인으로 활동하는 이상을 제안했다.[17]

한편 직업은 사회적 자원의 재분배에서도 일정한 역할을 담당한다. 조선 후기 문벌의 문제점은 인재의 불공정한 등용을 초래했을 뿐만 아니라 군역軍役을 비롯한 세금의 무거운 부담이라는 현실적 불평등과 더불어 사회적 인정과 대우를 제대로 받지 못하는 직업군을 회피하거나 그 직업을 가진 것에 수치심을 느끼는 문제로까지 이어졌다.[18] 특히 사회적 인정과 대우를 제대로 받지 못하는 육체노동의 전문 기술직에 대한 직업적 차별은

근로 의욕 상실로 인해 불성실한 직업 활동으로 이어졌다. 이에 유수원은 신분에 따른 직업적 차별이 사대부에 대한 직업적 동경심과 더불어 농·공·상에 대한 직업적 수치와 분노라는 바람직하지 않은 심리적 반응을 일으킬 뿐만 아니라, 직업 활동에 대한 의욕 저하로 인해 사대부, 농사꾼, 공인, 상인 각자가 자신의 직업에 대한 불만족을 표출하면서 직업 생태계가 전반적으로 불안정하게 되는 문제점을 매섭게 꼬집었다.[19]

물론 유수원이 전통적인 직업관을 송두리째 부정한 것은 아니었다. 그는 사회를 이끌어가는 사대부의 권위와 농업의 중요성을 존중했으며, 공업과 상업이 상대적으로 부차적인 것임을 인정했다. 다만 사·농·공·상 사민의 직업적 전문성과 독자적 가치를 균등하게 인정했다는 점에서 주목할 만한 사상을 제시한 것이다.[20]

그러나 사회적 직분의 명예만을 숭상하는 조선 후기의 세태는 명예를 중시하는 양반 사대부뿐 아니라 장사를 통해 이익을 추구해야 할 상인마저 상업 활동에 충실하게 종사하지 못하게 하는 상황까지 초래했다.

우리나라 사람들은 명예만 좋아하고 실질이 없어서, 그

저 사인士人이 귀한 줄만 알고 공인工人과 상인商人을 천하게 여긴다. 그러므로 이익을 탐하는 무리마저도 겉으로는 상업의 일을 부끄럽게 여겨서 돈과 재물을 저축해놓고도 남모르게 이익을 도모하거나 월리月利를 놓거나 방납防納을 하지 않을 수 없는데도 감히 뭇사람들이 보는 데서 돈을 마구 써서 상업을 일으키지 못한다.[21]

이러한 문제점을 해결하기 위해서 유수원은 물질적 부를 추구하는 전문직 육체노동을 천시하는 성리학적 사유에서 벗어나서 사민체제 내에서 관리직 정신노동의 사와 전문직 육체노동의 농·공·상의 신분적 차별을 철폐하는 '사민일치四民一致'의 이상을 역설했다.[22] 또한 직업의 효과적 분업과 전문화를 강조했다. 그는 『주례周禮』에 나오는 아홉 가지 직업(九職)을 토대로 농업, 임업, 축산업의 1차 산업은 물론 공업과 산업의 2차 산업과 3차 산업 등을 포함한 다양한 직업군으로 전문화된 사회적 분업 구조의 직업 생태계 구축을 강조하였을 뿐만 아니라 일정한 직업이 없는 한민閑民들에게 임금노동자의 직업을 부여하려고 했다. 아울러 사회적 분업 구조

속에서 효과적으로 전문화된 직업 간 유기적 협력의 연계를 강조했는데, 이는 오늘날 용어로 직업 생태계의 가치사슬value chain 구축이라고 부를 수 있다.

유수원은 사민 분업과 유기적 연계를 구현하는 직업 생태계의 가치사슬을 잘 구축함으로써 경제적으로 넉넉하고 행복한 사회를 구상했다. 실제로 상업의 활성화에 따라 물가가 안정된다는 통찰과 더불어,[23] 공업과 상업의 전문직을 사회적으로 적절하게 대우함으로써 상업의 발달에 따라 그와 연관된 다양한 일자리가 많이 창출되는 파생효과까지도 예상했다. 그러나 공업과 상업을 천시하는 조선에서 땅을 가진 사대부나 부자들은 상업에 종사하기보다는 땅을 빌려준 대가로 소작료를 받거나 돈이나 곡식을 대출해준 대가로 이자 수익을 올리는 데만 골몰했다.[24]

이에 따라 백성들은 직업을 상실해서 가난해지고 나라는 허약해졌다. 유수원은 이러한 현상을 선비, 농사꾼, 공인, 상인 등의 분업화되고 전문화된 직업 활동의 안정적인 제도화를 통해 극복하려고 했다.[25] 특히 중국의 사례를 벤치마킹하면서 분업화된 직업의 전문화가 개인들의 이익과 국부國富를 증대할 수 있다고 주

장하였다. 나아가 그러한 기반 위에서 '사민평등四民平等'
혹은 '사민일치'의 가능성을 강하게 역설했다.

중국 사람들은 한 가지 일에 전념하기 때문에 사업이
전문적이고 이익도 많지만, 우리나라 사람들은 하나의
여가의 일로 한가로울 때 틈틈이 가축을 키우기 때문
에 사업도 비전문적이고 목축도 왕성하지 못하다. 어찌
물산이 넉넉하지 못하고 풍토가 다르다는 것에 그 허
물을 돌릴 수 있겠는가?[26]

사·농·공·상은 다 같은 사민이다. 만약 사민의 자제
들이 한결같이 행세하게끔 한다면 높은 자도 없고 낮
은 자도 없으며 저편도 없고 이편도 없어서, 고기가 강
호江湖에서 서로를 잊고 사람은 도술道術에서 서로를 잊
듯이 결코 허다한 다툼이 없어질 것이다.[27]

유수원은 직업을 신분이 아니라 직분의 관점에서 새
롭게 이해하면서 직업적 차별을 철폐하고 직업 선택의
자율성을 활성화하며 직업 활동의 전문화와 더불어 분
업화된 직업 생태계의 가치사슬을 적절하게 구축하려

했다는 점에서 혁신적인 직업관을 선보였다. 이는 제
4차 산업혁명 시대를 맞아 새로운 직업 생태계의 가
치사슬 정립이 필요한 오늘날에도 좋은 모범이 될 만
하다.

다산 정약용도 『주례』에 따라 구직九職의 직업적 분화
와 전문화를 주장했으며,[28] 사민의 직분 간 분업과 균평
을 역설했다.이용환 2000 정약용은 "선왕先王의 뜻은 천하
백성들이 모두 고르게 밭田을 얻도록 한 것이 아니라 천
하 백성들이 모두 고르게 '직'을 받도록 한 것이니, 농을
직으로 받은 자는 밭을 다스리고, 공을 직으로 받은 자
는 기물器物을 다스리며, 상을 받은 자는 재화財貨를, 목
牧을 받은 자는 짐승을, 우虞를 받은 자는 재목材木을, 빈
嬪을 받은 자는 베짜기를 다스려서, 각자 그 직으로써
식량을 얻도록 했다. 특히 농사를 직으로 받은 자가 가
장 많으므로 선왕이 중하게 여겼을 뿐"이라고 강조했
다.[29] 이는 토지 재산의 균형을 주장한 것이 아니라 사·
농·공·상의 전문직이 각각 독자적인 직업적 가치가 있
음을 인정한 토대 위에서 직업의 기능적 분화와 평등을
강조한 것이다.

또한 정약용은 합리적 판단력(智慮)과 창의적인 발상

(巧思)을 통해 새로운 '기예技藝'를 배우고 만들 수 있다고 주장했다. 정약용은 "하늘이 인간에게 지려智慮와 교사巧思를 통해 기예를 습득함으로써 직업 생활을 하도록 했다. 그러나 아무리 훌륭한 합리적 판단력과 창의적인 발상이 있을지라도 한 명보다는 사람이 많을수록 기술의 심화와 혁신이 가능하기 때문에 시간이 지날수록 기술은 발전한다"고 설명했다.[30] 새로운 지식과 기술에 대해 개방적으로 수용하고 배우는 자세가 필요하다고 역설한 것이다. 이 가운데서도 합리적 판단력, 창의적 발상, 새로운 기술 혁신 등은 현재적 관점에서 보더라도 새로운 일자리를 창출하고 성과와 보람이 넘치는 일하기의 핵심 내용이라고 평가할 만하다.

나아가 정약용은 농업 기술의 발전과 개간이 효과적인 농업 생산량의 발전을 초래하고, 직조 기술의 발전이 편리한 의복 생활의 진보를 추동하며, 병기 제작 기술이 발전하면 군사적 능력이 제고된다는 것을 강조하기도 했다.[31] 이런 내용들은 모두 기술 발전에 따른 문화의 진보와 더불어 직업의 전문화가 지닌 중요성을 역설하는 것이다.

정약용은 지식 정보의 중요성에 대해서도 남다른 식

견을 펼쳤다. 특히 외국어와 외국 문화에 대한 수용을 위해 문해력literacy를 강조하고 내부의 지식과 기술이 외부로 유출되는 것을 경계하는 한편, 경쟁력 제고를 위해서 다른 나라의 선진적 사례를 벤치마킹할 것을 주문하면서 외국의 지식과 기술을 도입하고 수용하는 데에도 열심이었다. 실제로 그는 북송北宋의 소식蘇軾(1036~1101)이 고려에 서적 수출을 금하는 정책을 건의했던 사실과 일본이 중국에서 백공百工의 섬세하고 정교한 기술을 배웠던 역사적 사실들을 지목하면서 외국의 선진 문물과 기예를 열심히 배우고 도입할 것을 강하게 주장했는데, 이는 지식의 발전과 기술의 혁신을 위한 새로운 직업 생태계의 구성을 위한 청사진으로서 중요한 통찰이다.[32]

2 제4차 산업혁명의 멋진 신세계와
디지털 러다이트의 디스토피아

조선 후기 직업관의 변화가 전근대 농업사회에서 근대 산업사회로 변화하는 흐름을 반영하는 것이라면, 현재 우리 앞에 전개되고 있는 제4차 산업혁명의 변화는 고도화된 후기 산업화 시대의 새로운 기술 혁신에 따른 직업 생태계의 격변을 예고하고 있다.

최근 인공지능AI, 로봇공학, 합성생물학, 나노기술, 양자컴퓨팅, 3D/4D 프린팅, 사물인터넷IoT, 빅데이터big data, 가상현실VR, 증강현실AR, 홀로그램, 드론, 자율 주행차량, 블록체인, 의식기술, 인지과학 등 21세기에 들어와서 제4차 산업혁명을 선도할 만한 기술 혁신이 지속적으로 일어나고 있다.Klaus Schwab 외 26인 2016; Klaus Schwab 2018 이러한 기술 혁신은 인간을 한정하는 시간과 공간

의 한계를 극복하고 인간의 상상을 현실로 구현하도록
만들고 있다.

이에 따라 직업에 대한 미래 전망은 다양하게 제기
되고 있지만, 인공지능 컴퓨터가 많은 일자리를 급속하
게 대체할 것이라는 전망에 대해서는 많은 전문가들이
대체로 공감하고 있다. 실제로 50개국 전문가 450명이
3년 동안 연구한 밀레니엄 프로젝트The Millennium Project
는 세계적으로 부의 집중이 심화되고, 소득 격차가 확
대되며, 고용 없는 경제 성장이 이루어지고, 미래 기술
이 인간 노동력을 대체하면서 대규모 실업이 일상화되
는 등의 암울한 시나리오를 제시한 바 있다.박영숙·제롬 글
렌 2020

이러한 미래 전망은 과학기술의 혁신이 과연 좋은 것
인가 하는 의구심을 초래한다. 예컨대 올더스 헉슬리
A. L. Huxley(1894~1963)의 『멋진 신세계Brave New World』
(1932)는 기술 혁신에 따른 멋진 미래상을 꿈꾸는 사람
들의 기대와는 달리 과학기술이 완벽하게 통제하는 사
회가 역설적으로 문명과 야만의 불평등을 심화시키는
혹독한 현실을 잘 보여주었다. 제4차 산업혁명도 우리
에게 과학기술의 혁신에 따른 '멋진 신세계'를 약속하

는 듯하지만, 영화 〈매트릭스〉나 〈터미네이터〉 등이 극
적으로 보여준 암울한 미래상의 디스토피아dystopia는
과학기술에 의해 통제되는 디지털화된 세계가 얼마나
위험할 수 있는지를 잘 보여준다.

그런데 기계가 인간을 지배하는 위험성에 대한 우려
가 실제로 현실로 나타나기도 한다. 제4차 산업혁명을
이끌어가고 있는 다양한 변화의 양상, 즉 클라우드 컴퓨
팅, 사물인터넷, 인공지능, 빅데이터 솔루션 등의 기술
혁신은 기존의 일자리를 빼앗는 경향이 있다. 2015년
10월에 한국도로공사 톨게이트 수납원들이 대규모로
정리해고를 당한 사건이 대표적인 사례다.

더구나 그러한 변화가 디지털 플랫폼의 형태로 등장
하면서 그와 연관된 사회 시스템과 산업 생태계를 교란
하는 상황은 임금피크제, 업무부적격자에 대한 해고 요
건 강화, 근로시간 유연성 확대 등처럼 노동유연성을 강
화하면서 갈수록 열악해지는 노동시장의 흐름 속에서
통상임금 기준 정비, 실업급여 확대 등의 사회적 안전망
에 대한 제도적 보완이 없다면 많은 노동자를 길거리로
내몰 수도 있다.

실제로 새로운 환경에 적응하지 못하는 사람들이 사

회적으로 도태되고 탈락하는 사회적 적자생존適者生存의 가능성이 엿보이자 기술 혁신에 대한 증오 표출 현상으로 분출될 기미도 나타난다. 실제로 앞으로 20년 내에 거의 50퍼센트에 가까운 일자리가 사라질 위험이 있다는 분석이 있는가 하면, 직업별로 기계가 인간의 일자리를 대체할 확률이 다르게 나타날 것이라는 견해도 있다. 그런 의미에서 21세기는 디지털 러다이트digital Luddite의 시대가 될지도 모른다. 이런 흐름에 저항하려는 움직임을 신러다이트운동neo-Luddism이라고 부르는 사람도 있을 정도다.

러다이트Luddite는 본래 1811년부터 1817년까지 영국의 노팅엄 직물공장 노동자들을 중심으로 일어났던 기계 파괴 운동이다. 산업혁명은 인간보다 훨씬 효율적으로 직물을 만드는 방직기를 선보였다. 이러한 기술 혁신으로 인해 생산성이 높아지자 자본가들은 거대한 부를 얻게 되었지만, 직물공업에 종사하던 수공업자들은 대부분 실업자로 전락했다. 그러자 러드Ludd라는 사람의 주도하에 노동자들의 일자리를 빼앗은 방직기를 부수는 과격한 운동이 발생했는데, 이것이 바로 러다이트 운동이다. 러다이트라는 기계 파괴 운동이 시작된 역사적 배경에는 대량실업의 그늘이 있었다.

그러나 기술 혁신이 대량실업과 직업 생태계의 격변을 초래하는 양상은 러다이트 운동에만 국한되는 것이 아니다. 실제로 1760년부터 1860년까지 진행된 제1차 산업혁명 시기의 역직기力織機, power loom, 20세기 초반 제2차 산업혁명 때 자동차 생산 공정에 도입된 컨베이어 시스템conveyor system, 20세기 후반 제3차 산업혁명의 핵심 기술인 컴퓨터와 인터넷 등은 모두 노동생산성을 획기적으로 증대시켰다. 그런데 그로 인해 엄청난 노동 시간 감소 효과가 나타나 결과적으로 대량실업이 발생했다. 또한 20세기 말 자동 입출금 기계인 ATM의 등장은 은행 창구에서 업무를 처리하는 은행원 수를 급감시키고 지점수를 축소시켰다. 새로운 기술의 혁신과 그 기술을 구현하는 새로운 기계의 등장은 지속적으로 노동력 절감을 초래했던 것이다. 앞으로 AI 컴퓨터의 등장도 비슷한 양상을 빚을 것으로 예측된다.

기술 혁신과 새로운 기계의 등장은 대량실업뿐 아니라 인간을 대체 가능한 기계 부속품으로 전락시키는 인간소외 현상도 만든다. 찰리 채플린Charles S. Chaplin(1889~1977)의 영화 〈모던 타임즈Modern Times〉(1936)의 한 장면은 이

영화 〈모던 타임즈〉 중에서

러한 상황을 극적으로 잘 보여준다. 이 장면은 대량생
산, 대량소비의 자동화를 상징하는 산업자본주의에서
기계와 인간의 관계를 아이러니하게 표현하고 있다. 최
근의 세계적인 금융자본주의의 확산과 새로운 정보통
신 기술 혁신 역시 또 다른 양상의 새로운 고통을 빚어
낼 가능성이 크다.

　이렇듯 지식의 발전과 정보기술의 혁신은 기존의 일
자리를 없애는 사회적 고통을 만든다. 나아가 기술 발전
의 속도를 따라잡지 못하는 사람들은 시대적 변화에 제

대로 적응하지 못할 뿐만 아니라 자칫 잘못하면 생존의 위기로 내몰릴 수 있다. 이러한 위험에 대한 증오의 표출이 바로 러다이트 운동이었듯이, 디지털 신기술의 발전에 따라 자동화, 무인화, 기계화가 전면화되면서 인간의 산업 활동을 상당히 대체하는 현실적 위협은 신러다이트 운동을 초래할지도 모른다. 실제로 제4차 산업혁명의 상징처럼 보도되는 인공지능 컴퓨터와 정보통신 기술은 이미 자율주행 차량을 만들고 있는데, 이는 머지않아 택시 운전사나 버스 기사의 일자리를 빼앗는 결과를 초래할 것이다. 또한 바둑을 통해 전 세계인들의 머리에 깊은 인상을 남긴 딥러닝deep learning 기술로 인해 컴퓨터가 빅데이터를 학습할 수 있게 되면서 바둑을 포함한 고도의 정신작용 영역도 이미 기계가 인간을 대체하기 시작했다. 자동번역의 수준과 완성도가 갈수록 높아지면서 통역사나 번역사의 자리도 급속하게 줄어들고 있고, 통번역대학원도 통역사가 아니라 AI 전문가를 뽑고 있으니 이러한 대체 현상은 결국 시간문제일 뿐이다.

이렇듯 기술 진보로 인한 불안정한 노동의 확산은 고용이 보장된 안전한 직장을 향한 구직자들의 쏠림 현상을 부채질한다. 좋은 일자리가 현저히 부족한 우리나라에서 구직자들이 공무원을 지망하거나 공기업으로 몰리는 양태는 일자리가 안정적으로 보장되는 직장에 대한 선호 현상을 뚜렷하게 보여준다. 이는 새로운 기술 혁신의 산물인 기계를 파괴하기보다는 기계의 영향이 미치지 못하는 곳으로 피신하는 현상으로 보이기도 한다. 그리고 이러한 현상은 개인 간 빈부 격차뿐만 아니라 국가 간의 국력 격차를 초래하면서 다양한 사회적 불평등과 양극화를 더욱 가속화하고 구조화하는 문제점마저 파생시키고 있다.

3 플랫폼 노동의 그늘과
일자리의 공정성

과학기술의 혁신으로 인한 제4차 산업혁명은 분명 멋진 신세계의 새로운 가능성을 열었다. 그러나 빛이 밝을수록 그림자는 짙게 마련이듯, 이른바 '공유경제sharing economy', '긱 경제gig economy', '플랫폼 노동platform labour' 등의 새로운 모델은 제4차 산업혁명의 기술 혁신이 선전하는 밝은 빛과는 달리 직업 생태계에 어두운 그늘을 깊게 드리우기 시작했다. 실제로 제4차 산업혁명의 장밋빛 미래와 청사진 아래에는 플랫폼 노동자들의 한숨이 그늘처럼 드리워져 있다. 한편으로는 갈수록 악화되는 취업 시장에서 공정성이 제대로 작동하지 않는다는 아우성이 한창이다.

'플랫폼 노동'이라는 새로운 직업의 등장은 제4차 산

업혁명의 흐름에 맞게 출퇴근은 물론 여러 업무적 제약 없이 자유로운 의사에 따라 일할 수 있는 새로운 가능성을 제시했다. 그러나 현실적으로는 인간이 플랫폼의 부속품으로 전락하는 '종속 노동'의 문제점이 불거졌다. 우리나라만 해도 코로나19 유행 상황 속에서 많은 기업들이 사적 소유가 아닌 공유의 연대라는 멋진 이념의 공유경제를 주장했지만, 다양한 플랫폼 노동자들의 실상은 출퇴근을 비롯해서 자유의사에 따라 선택권이 있는 자유로운 노동이라는 환상과는 달리 알고리즘algorithm의 선택과 평점의 갑질 속에 갇혀 있는 플랫폼 속 종속 노동자일 뿐이다.

플랫폼 노동자들은 실제로는 종속 노동자이지만, 플랫폼 회사와 개인 사업자로 계약하기 때문에 고용된 근로자employee(피고용자)가 아니라는 착시효과가 생겼다. 그러나 플랫폼 노동은 택시나 배달 플랫폼 등에서 분명하게 드러나듯이 자유로운 부업이 아니라 시간과 활동을 제약당한다. 플랫폼 노동 종사자가 업무상 제약 없이 자유롭게 일한다는 주장은 현실을 정확히 직시하지 못한 생각일 뿐이다. 플랫폼 노동은 이른바 알고리즘에 의한 경영 방식을 통해 이루어지므로 일하는 사람들의 모습이 외견상 비교적 자유로워 보이지만, 실제로는 경제적 종속성이 존재한다는 점에서 새로운 형태의 종속 노동이라 볼 수 있기 때문이다.이다혜 2020

더구나 플랫폼 노동은 '공유경제'라는 그럴싸한 명분 아래 실제로는 고용주 혹은 회사가 직접고용의 부담을 회피하고 고용으로 예상되는 위험과 부담을 외부 계약자들에게 하청으로 전가한다는 점에서 위험과 고통의 외주화outsourcing일 뿐이다. 이런 양상은 ICT 기술의 발전과 디지털 전환 가속화로 인한 온라인 플랫폼 기반 활동이 급증하고 있는 긱 경제의 초기와는 달리 이미 극한 상황으로 전개되고 있다. 최근에는 다른 직업과 병행 가능한 부업 혹은 새로운 기회처럼 보였던 착시효과가 사라져 플랫폼 노동이 양질의 근로가 아니라는 점이 드러나고 있으며, 기존 일자리의 높은 진입장벽에 가로막힌 저소득 미숙련 노동자들까지 플랫폼 노동으로 내몰리는 상황이 연출되고 있다.

최근 새롭게 떠오른 '플랫폼 노동'과 '긱 경제' 문제는 IT 플랫폼이 발전함에 따라 노동시장이 변화하는 과정에서 비정규 프리랜서가 확산되는 경제 현상이다. 이들이 과거의 프리랜서와 다른 점은 스마트폰 앱과 같은

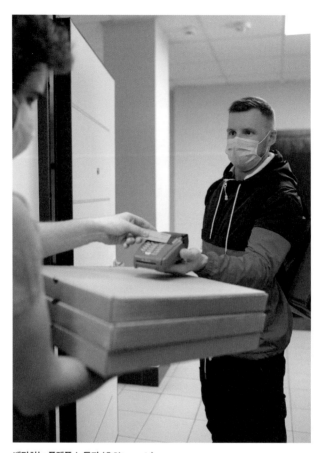

배달하는 플랫폼 노동자 (출처: pexels)

IT 플랫폼으로 노동력을 제공하며, 원하는 시간에만 일한다는 점뿐이다. 실제로 이들은 코로나19 유행과 함께 새롭게 온-디멘드On-demand 경제가 떠오르는 상황 속에서 더욱 개인화되고 맞춤화된 서비스로, 또 정규직이 아닌 상황에 따라 즉각적으로 고용되는 형식으로 일하고 있으며, 워라밸을 추구하는 밀레니얼 시대의 성향과 연관하여 폭증하는 경향을 보이고 있다.

그러나 긱 경제로 운영되는 배달 플랫폼, 차량 공유 서비스, 숙박 공유 서비스 등에 종사하는 노동자는 법적으로 개인 사업자므로 노동자로서의 권리를 보호받기 힘들다. 이러한 일자리를 가리켜 긱 워크gig work(독립형 일자리)라 하고, 긱 워크가 창조하는 경제를 긱 경제라고 한다. 공유경제 플랫폼의 대표적인 사례로는 '에어비앤비', '우버', '리프트' 등이 있고, 국내에는 음식 배달 대행업체 '배달의 민족'과 '요기요', 재능 공유 플랫폼 업체인 '크몽' 등이 있다.

이러한 긱 워크와 긱 경제는 플랫폼 시장의 성장과 함께 확산되고 있다. 이에 따라 세계의 많은 나라에서는 이 문제를 치밀하게 분석하여 분주하게 대책을 마련하고 있다. 독일을 비롯한 유럽 선진국들은 제4차 산업혁명을 대비하여 '산업 4.0$_{\text{Industry 4.0}}$'을 발표하며 전반적인 산업 정책을 제시하는 과정에서 이 문제에 대응하는 국가적 노동 정책인 '노동 4.0$_{\text{Arbeit 4.0}}$'도 함께 내놓았다. 한국에서도 플랫폼 노동자의 확산과 그에 따른 갖가지 문제점들이 이미 중요한 사회적 이슈로 떠오르고 있다. 기업과 정부는 각각 플랫폼 사업의 성장과 그에 따른 일자리 창출을 전략적으로 기대하고 있지만, 제4차 산업혁명의 높은 파고에 휘말려서 좌초하지 않으려면 플랫폼 노동과 긱 경제의 사회적 문제점을 해결할 수 있는 법률 제정과 제도적 대책을 강구하면서 디지털 플랫폼으로 재편되고 있는 새로운 산업 환경에 대한 사회적 준비를 치밀하게 진행해야 한다.

한편 최신의 기술 혁신에 따라 새로운 일자리가 많이 등장하겠지만, 광대한 인터넷 클라우드와 딥러닝 기능까지 갖춘 인공지능 컴퓨터는 인간의 인지 능력을 대체하면서도 인간처럼 실수하지도 않고 감정에 치우치지도 않은 객관적 일처리를 엄청난 속도로 해치운다. 따라서 단순한 반복 작업이나 패턴 분석 능력에 기반을 둔 직업들은 앞으로 급속하게 사라질 가능성이 높다. 대신 새로운 기술의 발전이 대체할 수 없는 영역이 새로운 직업으로 각광받을 것이다. 그것은 인간의 주관적인 효용과 감성적인 만족과 연관되는 부분에서 두드러질 확률이 높다.

이렇듯 일자리의 암울한 미래를 개선하려면 시민들을 보호하는 조정자로서 정치의 적절한 개입이 요청된다. 유교적 전통사회에서 소인들의 이익 추구가 상호 갈등을 일으키거나 불평등한 상황을 악화시킬 때 군자들의 사회적 공정성이라는 대의를 통해 갈등을 해소하고 바람직한 직업 생태계를 유지하도록 한 것처럼, 기술 혁신의 급격한 변화에 사람들을 적절하게 적응시키고 플랫폼의 횡포로부터 사람들을 보호하려면 이익의 논리가 아닌 의리의 판단이 필요하다.

그러나 토마 피케티Thomas Piketty가 『21세기 자본』에서 기술 진보가 노동자의 임금보다 자본의 수익률을 빠르게 증가시켜 노동자와 자본가의 부의 불평등한 격차를 악화시킨다는 점을 잘 설명했듯이, 새로운 변화에 적응하는 사람과 그렇지 못한 사람의 격차는 갈수록 더 벌어질 것이고, 직업 생태계는 새로운 변화를 이끄는 소수와 그러한 변화를 뒤따르는 다수로 사회적 양극화가 심화될 것으로 예상된다. 실제로 현재 채용시장은 정시

채용에서 수시 채용으로 바뀌고, 그마저도 신입 채용보다는 경력직 채용으로 흐르고 있으며, 갈수록 노동이 유연화되는 양상이 강화되고 있다. 따라서 직장에서는 점수와 학력이 아니라 다양한 기준으로 새로운 변화에 적응하거나 그 변화를 선도할 수 있는 역량과 실력을 검증하려 할 것이다. 그러므로 이렇게 효율성과 이익만을 기준으로 삼는 시장이 확대되는 가운데 어떻게 과정과 결과의 공정성과 형평성을 접목시킬 것인지가 바람직한 직업 생태계 구축의 새로운 도전 과제가 될 것이다.

여기에 더하여 가치관의 변화도 고려해야 한다. 먹고살기 힘든 시절에는 직업이 생계유지 수단이라는 점이 중요했지만, 사회가 안정화되면서 점차 고급 직종과 존경받는 직종으로 사람들이 몰리고 있다. 또한 21세기에는 개인의 관심과 취향이 중요해지고 SNS 소통이 확산되면서 자아실현 과정으로서 직업과 직업이 지닌 사회적 영향력이 더욱 주목받고 있다. 예컨대 '워라밸'을 반영한 직업의 수요가 확대되고 있다. '워라밸work and life balance'은 본래 일하는 여성의 가정과 업무 양립, 노동관의 변화, 라이프 스타일의 변모 등을 배경으로 확대되었던 인식인데, 최근에는 사적 생활과 공적 업무의 병행과 균형을 묘사하는 것으로 사용되고 있다. 공적인 직업과 사적 생활의 조화는 사원의 업무에 대한 만족감이나 기업에 대한 충성심을 높이기 때문에 기업은 우수한 인재를 확보하기 위해서라도 사원의 생활을 배려한 제도나 프로그램을 잘 마련해야 한다. 그러므로 기업이 직업과 생활의 균형을 적절하게 지원하려면 탄력적 근로시간 제도나 보육이나 간호에 대한 지원, 건강 복지, 교육 지원, 장기 휴가(리프레시 휴가) 제도 등을 충분히 고려해야 한다.

마지막으로 직업의 선택과 일자리 마련에서 공정의 가치와 형평성 문제는 더욱 중요해질 것이다. 기존에는 노력하면 성공한다는 인식이 지배적이었다. 그러나 최근에는 기회의 공평성과 과정의 공정성은 물론 실제적 결과의 공정성을 함께 담보하지 못하는 현실에 대한 비판적 인식이 급격하게 대두하고 있다. 최근 공공기관 취직 문제를 비롯하여 MZ세대들은 기회의 공평성과 과정의 공정성이 제대로 이루어지지 않는 사회 현실에 대해 크게 비판하고 있다.

그런데 이러한 비판적 의식은 선천적으로 부여받은 출신 연고나 사회적 자산이 아니라 정당한 노력과 능력에 대한 객관적이고 공정한 평가를 기대한다는 점에서 조선 후기 실학자들이 제기했던 문제의식의 연장선상에 있다. 이러한 '능력주의meritocracy'는 개인이 노력한 성과나 능력에 따라 받는 차별적 대우를 정당한 것으로 인식한다.

그러나 기회의 공평성과 과정의 공정성만 담보하면 최선일까? 최근 마이클 샌델Michael J. Sandel은 『공정하다는 착각: 능력주의는 모두에게 같은 기회를 제공하는가』라는 책에서 능력주의가 모든 책임을 개인의 능력으로 돌리면서 승자에게는 오만감을 선사하고 패자에게는 굴욕감을 강요하는 문제점을 날카롭게 지적한 바 있다.Michael J. Sandel 2020 능력주의는 사회적 지위와 자산 및 직업의 배분이 능력을 발휘할 수 있는 공정한 경쟁으로 인해 사회적 승인을 받은 정당한 기준임을 내세우면서 파워 엘리트들의 재능과 능력에 대한 보상이 정당한 결과임을 강조하지만, 그에 따라 경쟁에서 밀려난 무능력자나 능력이 부족한 하층민들은 제대로 존중받지 못하는 결과도 함께 초래했다. 이에 대해 샌델은 재능과 능력이 노력에 의해서 일정한 성취로 이어질 수도 있지만, 상당 부분 우연적 요인으로 결정된다는 점에서 그것을 정의의 기반으로 삼기에는 한계가 있는 기준임을 밝혔다.

특히 능력주의는 경쟁에서 도태된 패자를 외면한다는 점에서 폭정이 될 수 있으므로, 분배적 정의뿐만 아니라 경쟁의 패자에 대한 사회적 존중도 충분히 고려해야 한다. 능력주의가 구성하는 과정과 형식의 공정성은 피상적이어서 실질적 정의를 제대로 이룩할 수 없는 한계가 있으므로, 샌델은 사회적 인정으로서 직업의 존엄성을 충분히 담보함으로써 과정의 피상적 공정성을 결과의 실질적 공정성으로 승화시키자는 대안을 제안했다.Michal J. Sandel 2020

샌델의 이러한 통찰은 직업과 관련하여 깊게 성찰해 보아야 한다. 바람직한 직업 생태계를 구축하려면 과정의 피상적 공정성을 강조하는 능력주의를 넘어서서 결과의 실질적 공정성을 담보하고 직업의 존엄성을 충분히 구현할 수 있도록 사회적 약자와 능력주의에 의해 '패자'로 규정된 이들에 대한 배려와 존중을 기반으로 하는 사회적 연대가 필요하다.

4 초고령 시대 직업의 변화 양상

  제4차 산업혁명은 출산율 저하에 따른 인구 구조의
변화, 새로운 은퇴 세대의 등장 등 급격한 사회 변화로
인해 사람들의 여가시간을 폭발적으로 증대시키고 있
다. 현대 사회의 가장 급격하고 중요한 변화는 평균 수
명의 연장이다. 경제 발전으로 인한 영양 상태의 호전,
의학과 과학 기술의 발달에 따른 사망률 감소, 광범위한
사회복지 제도의 도입 등은 인류의 평균 수명을 놀라운
속도로 연장시키고 있다.
  우리나라 역시 폭발적인 경제 성장과 더불어 평균 수
명이 꾸준한 속도로 늘고 있으며, 이로 인한 초고령 사
회로 진입하는 것도 예상보다 빠르게 이루어지고 있다.
기대 수명 80세의 벽은 2008년에 이미 깨졌다. 그리고

2020년 말 통계청 발표에 따르면, 2019년 기준으로 한국인들의 평균 기대 수명은 여성 86.3세, 남성 80.3세로 남녀 통합 약 83.3세다. 이러한 수치는 1960년대의 평균 수명 52세를 기준으로 한 해 평균 약 0.6세씩 증가한 것으로, 인류 역사에서 전례를 찾아보기 힘든 상승 수치다. 더구나 현재 대한민국은 6·25전쟁 이후 폭발적으로 증가한 베이비부머baby boomer 세대가 본격적으로 은퇴하는 시기를 맞아 커다란 사회적 변화를 경험하고 있다. 1959년부터 1974년에 해마다 평균 88만 명 정도 출생한 베이비부머 세대가 2018년부터 본격적으로 은퇴하기 시작하며, 이들이 모두 은퇴하는 2030년대 후반부터 대한민국의 65세 이상 인구는 2000만 명에 도달할 것으로 예상된다. 고령 인구가 총인구의 2/5를 차지하는 초고령 사회가 도래하는 것이다.

그런데 은퇴자들은 스스로 노인이라고 생각하지 않는다. UN의 인구 통계에서는 15~64세를 경제활동인구로 보고 65세 이상을 고령 인구로 정의하고 있으나, 2018년의 한 통계 조사에 따르면 대한민국의 은퇴 세대는 평균 72세 이상을 노인으로 생각한다고 답변했다. 고령 인구의 기준이 높아져야 한다는 사회적 인식을 알 수 있는 지점이다. 최근에는 100세 시대를 앞둔 채 고령의 기준이 올라가고 있을 뿐만 아니라 '액티브 시니어active senior', '뉴 시니어new senior', '서드 에이지third age' 등 은퇴 세대에 대한 새로운 개념도 속속 등장하고 있다.

이 가운데서도 서드 에이지 개념은 전통적 생애 주기와 달라진 고령 사회의 새로운 인생 주기를 선보이고 있다는 점에 주목할 만하다. 인생의 1단계인 퍼스트 에이지first age는 10대에서 20대 초반까지 이르는 학습기고, 세컨드 에이지second age는 사회에 진출하여 직업을 갖고 경제 활동을 통해 가정을 이루고 사회생활을 하는 20~30대의 청년 직업 활동기며, 40~70대에 이르는 장년기인 서드 에이지는 두 번째 성장을 통해 인생 이모작에 나서거나 자아실현을 본격적으로 추구하는 부흥기며, 70대 후반 이후 전개되는 포스 에이지fourth age는 노화를 수용하면서 인생을 마무리하는 노년기다.

서드 에이지는 전통적인 생애 주기와 비교해보면 제2의 성장을 강조한 것이 큰 차이점이며, 이를 위해 재교육과 평생교육이 중요해지고 있다. 이렇듯 인생 후반기에 제2의 성장을 강조하는 서드 에이지 개념은 자연스럽게 노화 현상과 창의성 구현을 연계하는 '창의적 노화creative aging'로 연결된다. 창의적 노화란 고령 세대의 재성장 가능성에 주목하여 창의적인 문화예술 프로그램과 다양한 사회 참여를 통해 활기찬 노년의 삶과 의미를 모색하는 개념이다. 인생의 다양한 경험을 통해서 깊어진 경륜을 잘 살리되, 그 경험을 통해 구축해온 습관적 사고와 행동 패턴의 관성을 떨치고 과감하게 새로운 도전을 모색하는 적극적인 고령기의 활동을 말하는 것이다.

더구나 최근에는 인생 이모작이나 제2의 성장을 넘어서서 아예 평생 지속적으로 공부하면서 새로운 변화에 적응하는 '프로페셔널 스튜던트professional student'가 되어야 한다는 의견까지 제기되고 있다.김용섭 2021 눈부시게 발전하는 기술 혁신과 격변하는 사회적 흐름을 좇아가면서 거듭거듭 변화하지 못하면 결국 직업의 세계에서 퇴출되거나 열악한 직업으로 내몰리는 위기를 맞게 된다는 것이다. 따라서 새로운 변화에 끌려가지 말고 도리어 새로운 지식과 변화하는 기술을 평생 즐겁게 습득하고 활용하는 자세를 갖출 때 우리는 위기를 기회로 바꿀 수 있다. 일을 의무적으로 하는 사람이 아니라 일을 즐기는 사람이라야 새로운 변화가 과도한 스트레스가 아니라 다양한 재미가 되는 것이다.

 이렇듯 개인에게 지속적인 재성장을 요구하는 사회적 변화와 워라밸을 추구하는 흐름이 합쳐지면서, 주 21시간 근무를 비롯한 혁신적인 직업 활동의 양상이 선진국을 중심으로 나타나기 시작했다. 한편으로는 인공지능의 발달로 기계가 인간을 대체하는 시스템이 확산되면서 은퇴자가 늘어나고 많은 직업이 사라지는 현상이 가속화될 것이다. 이에 따라 초고령 시대를 앞둔 상황에서 생계유지를 위한 생산적 직업 활동이 아니라 '창의성'과 '감성'을 강조하는 직업 활동과 더불어 비생산적 취향이나 개성을 추구하는 유희적 가치 혹은 유토피아적 가치로서 자아실현을 하는 일하기의 즐거움이 더욱 부각될 것으로 예견된다. 예전에는 노동을 긍정적으로 평가하고 유희를 무가치한 것으로 평가절하했으나, 어느새 직업은 노동에서 유희로 진화하고 있는 것이다. 따라서 평생 성장을 거듭하면서 즐겁게 일하는 자세를 확립해야 한다.

4장

직업,
언제 어떻게 준비하고
수행할 것인가?

1 때를 포착하는 명확한 판단력과 과감한 결단력

지금까지 우리는 직업이란 무엇이며 왜 직업이 필요한지를 검토했다. 아울러 직업의 전개 양상과 미래 전망도 살펴보았다. 그렇다면 직업은 언제 어떻게 준비하고 수행해야 할까?

본격적인 구직 활동에 앞서 직업을 준비해야 한다. 그런데 모든 것에는 때가 있다. 여기서 '때時'라는 말은 물리적으로 구획하거나 계량화할 수 있는 시간 개념이 아니라 특정한 일이 이루어지는 결정적인 순간이나 기회를 말한다. 때는 찾아왔을 때 재빨리 잡아야지, 그렇지 않으면 놓치고 마는 것이다. 우리는 기회로서의 때가 지닌 특성을 극명하게 잘 보여주는 사례를 그리스 신화에서 찾아볼 수 있다. 그리스 신화에는 크로노스Chronos와

기회의 신 카이로스

카이로스Kairos라는 시간의 신神들이 등장하는데, 크로노스가 과거에서 현재를 거쳐 미래로 가는 시간을 의미하는 반면, 카이로스는 결단을 내려야 하는 중요한 순간이나 기회로서 때를 뜻한다.

특히 카이로스는 잠시 한눈을 팔면 놓치기 쉬운 때의 소중함과 더불어 때를 포착하는 지혜의 필요성을 잘 보여준다. 카이로스의 모습과 형상이 그것을 웅변적으로 역설하고 있다. 카이로스는 한 손에는 저울을 들고 한 손에는 칼을 들고 있으며, 앞머리는 머리카락이 풍성하지만 뒷머리는 대머리다. 그리스 신화는 카이로스의 앞머리가 무성한 것이 사람들이 카이로스의 존재를 쉽게 알 수 없도록 하는 반면, 뒷머리가 대머리인 까닭은 그 존재를 포착하더라도 쉽게 붙잡을 수 없음을 상징적으로 보여준다. 더구나 발에도 날개가 달려 있어서 카이로스는 빨리 사라지기 때문에 도저히 붙잡을 수 없다. 따라서 저울질을 잘하는 분명한 판단력과 더불어 시퍼런 칼날처럼 날카로운 결단력이 필요하다. 그렇지 않으면 기회는 쏜살같이 시야에서 벗어나서 사라져버리고 만다.

직업은 이처럼 포착하기도 어렵고 포착해도 붙잡기

힘든 기회의 신과 비슷하다. 시간이 갈수록 직업을 얻을 기회가 줄어들고, 기껏 노력해서 얻은 일자리도 오랫동안 감당하기 쉽지 않은 것이 현실이기 때문이다. 게다가 나이를 먹을수록 할 수 있는 일이 제한되고 시간이 갈수록 새로운 지식과 기술이 늘어나므로, 직업의 변화를 따라잡기도 힘들다. 따라서 어릴 적부터 철저하게 직업을 준비해야 하며, 직업 활동에서 물러나서 은퇴해야 하는 상황에도 인생을 성찰하면서 인생의 의미를 탐색하거나 인생 이모작을 준비하는 지혜가 필요하다. 인생의 각 단계마다 이루어야 할 직업적 목표와 과제는 그 양상이 각각 다르지만, 어떤 단계에서든 제때를 놓치면 인생의 리듬이 어그러지게 마련이다.

때의 중요성과 직업을 준비하는 공부의 필요성에 대해서는 성리학의 집대성자인 주자가 「우성偶成」이라는 시에서 분명하게 묘사한 바 있다.

소년은 늙기 쉽고 학문은 이루기 어려우니

少年易老學難成

한 치의 시간이라도 가벼이 여기면 안 되네

一寸光陰不可輕

연못가의 봄풀은 아직 꿈을 깨지 못했거늘

未覺池塘春草夢

뜰 앞의 오동잎은 벌써 가을 소리 들리네

階前梧葉已秋聲

　이러한 문제의식은 청소년기 직업의 성실한 준비를 위해 널리 쓰였던 주자의 「십회훈十悔訓」에도 분명하게 반영되었다. "젊어서 부지런히 배우지 않으면 늙어서 뉘우친다少不勤學, 老後悔"라는 권면은 때를 놓치지 않고 제때에 공부하여 직업을 준비해야 함을 강하게 역설하고 있다. 또한 이솝 우화의 「개미와 베짱이」 이야기에 나오는 베짱이처럼 청소년기에 시간을 허비하면서 제때를 놓치면 온전한 직업 활동을 기대하기 어렵고, 개미처럼 부지런히 준비하는 사람은 기회를 잘 살려서 보람 있는 직업 활동을 할 수 있다. 이런 자세는 청소년기에만 국한되는 것이 아니다. 중년에 직장에서 나와서 새로운 사업을 하려는 사람들도 마찬가지다. 충분한 준비 없이 무턱대고 창업에 뛰어들면 실패할 확률이 높다. 중년의 인생 이모작도 개미처럼 사전에 충분히 준비하는 지혜가 필요하다.

제4차 산업혁명 시대를 맞아 기존의 직업들이 급속 도로 사라지고 낯선 직업들이 새롭게 등장하고 있다. 이 렇듯 수많은 직업들이 끊임없이 명멸하는 가운데 때를 놓치지 않고 정확하게 포착하는 판단력과 인생의 과제 를 제때 준비하고 수행하는 과감한 결단력이야말로 직 업 준비를 위한 중요한 자질이다. 직업적 환경을 둘러 싼 거대한 시대적 변화 양상인 메가-트렌드mega-trend와 특정한 공간의 지역적 변화 양상인 마이크로-트렌드 micro-trend에 대한 정확한 판단하에 미래의 직업에 대한 적절한 방향을 설정하는 과감한 결단력이 따를 때, 시간 의 물결에 휩쓸려 떠내려가거나 새로운 변화에 끌려가 지 않고 비로소 시간의 흐름을 조율하고 시대의 변화를 선도할 수 있다.

2 직업의 생애 주기: 인도의 아슈라마, 공자의 인생 단계, 선비의 일생

앞서 살펴보았듯 직업 환경과 일자리의 특성은 거시적인 시대적 변화와 미시적인 지역적 변화에 따라 급격하게 달라지고 있다. 따라서 이러한 변화의 흐름과 방향을 제대로 읽고 그에 따라 적절하게 대응해야 한다. 그러나 이것만으로는 충분하게 직업을 준비하기는 어렵다. 특정한 역사적 변화와 사회적 변동의 객관적 흐름과는 달리, 누구나 거쳐야 하는 생애 주기의 주체적 단계도 있기 때문이다.

인생에는 분명히 일정한 때마다 성취해야 할 삶의 주기별 단계가 있다. 따라서 구체적인 생애 주기에 따라 성취해야 할 사회적 목표도 달라진다. 우리는 그 전형적인 양상을 인도 사람들의 인생 단계론과 그와 유

기적으로 연계되는 인생의 목표에서 뚜렷하게 확인할
수 있다.

인도인들의 가치관에 따르면, 어릴 때에는 앞으로 생
계를 유지하기 위해 학교에서 사회생활을 위한 다양
한 법도를 학습하고, 장성해서는 쾌락과 재물을 누리면
서 가정을 잘 돌보고, 노약자들은 다양한 사회적 관계
로부터 물러나서 은퇴한 뒤에 인생의 의미를 성찰하거
나 진리를 깨달아서 자아실현을 이루고, 그러한 결실
을 사회적으로 확산하기 위해 부단히 노력해야 한다. 이

인도인의 인생 단계와 목표		
인생의 단계	**연령대**	**인생의 목표**
학습기學習期, Brahmacharya	0~25세	**법도**Dharma
가주기家住期, Grihastha	25~50세	**재물**Artha, **쾌락**Kama
임서기林棲期, Vanaprastha	50~75세	**해탈**Mokṣa
유행기遊行期, Sannyasa	75세~죽음	**해탈**Mokṣa

러한 과정을 인생의 4단계를 뜻하는 '아슈라마_{āśrama}'라고 부르고, 인생의 각 단계마다 이루어야 할 목표를 '푸루샤르타_{puruṣārtha}'라고 한다.Patrick Olivelle 1993

인도인들이 공유하는 인생의 4가지 단계인 아슈라마는 보통 25세를 단위로 삼아 연령대별로 구분된다. 태어나서 25세까지의 청소년기는 학습기로 학교에서 사회생활에 필요한 다양한 전문 지식과 보편적 지혜를 스승으로부터 배우며 심신을 건강하게 키운다. 25세부터 50세까지의 중년기에는 본격적인 직업 활동을 통해 돈을 벌어서 경제적 기반을 다지고 가정을 꾸려서 쾌락의 즐거움을 누리면서 사회적 의무를 다하는 '가주기'를 향유한다. 50세부터 75세까지의 장년기에는 가정과 사회로부터 은퇴하여 숲속으로 들어가서 인생을 성찰하면서 진리의 깨달음을 통해 해탈을 이루기 위한 은둔 수행을 하는 '임서기'를 지낸다. 75세 이후 노년기에는 영적 완성으로 이룬 수행의 결실을 사회에 베푸는 회향回向의 '유행기'로 인생을 마무리한다.

학습기와 가주기까지가 육체적 활동과 사회적 활동 등의 세속적 삶이라면, 인생의 중간 전환점을 넘어선 임서기와 유행기는 육체적 생명력이 쇠퇴하여 사회적

활동에서 은퇴하면서 세속적 삶으로부터 벗어난 초월
적 삶을 지향한다. 따라서 인도인들의 인생은 학습, 직
업, 수행, 회향이라는 4가지 단계로 구분할 수 있다. 이
를 직업의 관점에서 보면, 직업 준비기, 직업 활동기, 내
향적 은퇴기, 사회적 봉사기 등으로 표현할 수 있다. 인
간의 일생은 학습을 통해 직업을 준비하고 직업 활동의
사회적 의무를 온전히 구현한 다음에는 직업과 연관된
세속적 삶에서 은퇴하여 인생의 의미를 성찰하고 초월
적 삶을 추구하는 구도적 수행을 통해 자아실현을 이루
고 사회적 봉사를 통해 영적 완성을 사회화함으로써 다
음 세대의 완성을 이끌어 주는 과정인 것이다.

인도인들은 이 단계적 과정을 거치면서 '푸루샤르타'
라고 부르는 4가지 인생의 목표를 이루고자 노력한다.
학습기의 푸르샤르타가 다르마라면, 가주기의 푸루샤
르타는 카마와 아르타다. 다르마는 기본적으로 사회적
의무나 규범 질서를 가리키지만, 우주의 근본 질서이
자 당위적 법도로 확대되는 것이기도 한다. 카마는 생
물학적 몸과 연결된 육체적 욕망과 물질적 쾌락을 말
하며, 아르타는 재물, 권력, 명예 등의 세속적 성취를
뜻한다. 한편 임서기와 유행기의 푸루샤르타인 모크샤

는 윤회의 구속으로부터 궁극적으로 해방되는 초월적 해탈이다.

이러한 삶의 목표를 통해 우리는 직업이 단순히 생계 유지를 위한 수단이 아니라 사회적 의무, 육체적 욕망과 물질적 쾌락, 세속적 가치, 초월적 완성 등을 조화롭게 실현하는 통로가 될 수 있음을 알 수 있다. 이러한 삶의 단계는 인도인에게만 국한되는 것이 아니라 보편적인 인생의 성숙 단계와도 상응한다는 점에서 직업을 준비하고 직업 활동을 수행하며 사회생활을 마무리하는 생애 주기의 과정을 성찰하는 데 참고할 만한 깊은 통찰을 주고 있다.

앞서 살펴본 인도인의 인생 단계론과는 일정한 차이가 있지만, 동양의 유교적 전통 사회에도 일정한 인생의 단계가 있다. 그 대표적인 사례를 공자에게서 찾아볼 수 있다. 공자의 어록인 『논어』를 살펴보면, 공자는 어릴 때 빈천貧賤하여 비루한 일을 많이 했던 경험을 회상하곤 했다. 그러나 공자는 15세에 학문에 뜻을 두고 열심히 공부해서 국고의 재정 출납을 담당하는 위리委吏라는 작은 관리직을 받았고, 그로부터 오늘날의 법무부장관에 해당하는 대사구大司寇의 직책까지 올랐다. 이러한 인생 역정을 회고하면서 공자가 서술했던 생애 주기는 인도의 아슈라마와 상당히 비슷하다.

> 나는 15세에 배움에 뜻을 두었고, 30세에 자립自立했으며, 40세에는 미혹되지 않았고, 50세에는 천명을 알았으며, 60세에는 귀가 부드러워졌고, 70세에는 마음이 하고자 하는 대로 따라도 규범에 어긋나지 않았다.[33]

10대부터 20대에 이르기까지 청소년기가 직업을 준비하는 배움에 뜻을 둔 '지학志學'의 수학기라면, 30대 청년기는 스스로 직업의 토대를 다지는 '자립自立'의 정립기다. 40대 중년기는 흔들림 없는 직업의 안정을 이루는 '불혹不惑'의 안정기고, 50대 장년기는 직업적 비전을 총체적으로 깨우치는 '지천명知天命'의 성찰기다. 60대 노년기는 만물에 대한 수용력이 커지고 지혜가 완숙해지는 '이순耳順'의 완숙기고, 70대 이후 죽음을 앞둔 나이는 인간의 주체적 마음과 자연의 규범적 질서가 완전히 일치하여 '천인합일天人合一'의 이상을 이루는 인생의 완성기라고 할 수 있다.

이러한 공자의 생애 주기는 동아시아 유교적 전통사

회에서 인생 리듬의 전형이 되었다. 20대 청소년기가 공부를 통해 직업을 준비하는 수학기라면, 30대에 본격적인 사회활동을 시작하여 40대의 안정을 거치면서 활발한 직업 활동을 영위하다가 50대의 성찰에 이르러 직업 활동을 마무리하며, 육체가 쇠퇴하지만 내면적 정신은 완숙해지는 60대 노년기 이후에는 직업 활동에서 은퇴하여 완숙한 지혜를 통해 평생 닦아온 수양의 힘으로 보편적인 우주적 진리를 온전하게 체현하는 인생의 완성을 이루게 된다.

이러한 흐름을 크게 보면 직업의 준비 단계로서의 청소년의 수학기, 청년기의 시작과 중년기의 안정과 장년기의 성찰을 거치는 본격적 직업 활동기, 노년기의 은퇴, 인생의 완성으로 구분할 수 있다. 이러한 흐름은 구체적 연령대는 차이가 있지만 앞서 살펴보았던 인도인들의 생애 주기, 곧 청소년의 학습기, 중년의 가주기, 장년의 임서기, 노년의 유행기와 대체로 비슷하게 조응한다.

동양의 유교와 인도의 힌두교가 보여주는 바람직한 생애 주기 4단계는 인생의 사계, 즉 봄·여름·가을·겨울이라고 할 수 있다. 청소년기부터 중년기까지의 시기가 인생의 봄에서 여름으로 양陽의 확산 기운이 왕성한

동적 활동기라고 하면, 장년기의 전환점 이후에 노년기로 이어지는 시기는 인생의 가을부터 겨울로 음陰의 수렴 기운을 보이는 정적 완숙기라고 할 수 있다. 봄에 씨를 뿌리고 여름에 꽃을 피우며 가을에 열매를 맺고 겨울에 씨앗을 보존하는 농사 활동의 주기처럼, 직업 활동은 학습의 직업 준비, 본격적인 직업 활동, 직업 활동의 완성, 인생의 완성과 미래 세대의 준비로 이어져 생애 주기와 긴밀하게 연결된다. 따라서 생애 주기를 고려하여 직업 활동을 적절하게 준비하고 수행해야 한다.

우리나라에서도 이러한 생애 주기의 흐름을 분명하게 찾아볼 수 있다. 실제로 조선 시대 선비의 삶은 개인적 수양과 공부를 통해 미래를 대비하는 수기修己의 수학受學기, 과거에 급제하거나 추천에 의해 벼슬을 얻어서 사회로 진출하여 사회를 섬기는 치인治人의 사환仕宦기, 정치적으로 압박을 당해 지방으로 귀양을 가거나 벼슬을 사양하고 귀향하여 유유자적하면서 학문을 완성하거나 미래의 영재들을 가르치면서 개인의 역량과 경륜을 사회적으로 환원하며 다음 세대의 바람직한 미래를 준비하는 치사致仕기로 구성된다. 예컨대 다산 정약용이 오랜 유배 생활 동안 『여유당전서與猶堂全書』를 완성했다면, 퇴계退溪 이황李滉(1501~1570)은 도산서당에서 미래를 이끌어갈 많은 인재를 육성했다.

조선 선비들이 생애 주기의 마지막 단계에서 학문 완성과 인재 육성을 통해 미래를 준비했다는 점은 특별히 주목해야 한다. 인생을 살다 보면 예기치 않게 위기를 맞을 때가 있다. 정치적 문제로 유배를 당하거나 낙향한 선비가 실의에 빠져서 세상을 원망하면서 인생을 허비하지 않고 묵묵히 자신의 학문을 완성하고 인재들을 교육한 모습을 통해 우리는 어떤 시련에도 굴하지 않고 본인과 다음 세대의 미래를 준비하는 성실한 태도를 배울 수 있다. 최근에는 100세 시대를 맞아 직업 역시 변화하는 양상을 보여, 옛날에는 은퇴하던 시기에 인생 이모작을 시작하는 경우가 많다. 선비들이 치사기에 본인과 다음 세대의 미래를 준비했던 것처럼, 현대의 우리도 100세 시대를 맞아 인생 전반기를 수놓았던 '수기치인修己治人'의 새로운 2막을 준비해야 한다.

3 직업적 태도의 변화:
천직의 보람에서 향유의 즐거움으로

의식주衣食住는 사람답게 살기 위한 생존의 기본 요건
이다. 입을 옷을 갖추지 못하거나 먹을 밥을 구하지 못
하거나 거주할 집을 얻을 수 없다면 사람답게 살 수 없
다. 의식주를 해결하지 못하면 생존이 불가능하다. 그러
나 사람들은 생존만으로 만족하지 못한다. 욕망이 있기
때문이다. 문제는 욕망에는 한계가 없다는 것이다. 지구
상의 동물 중 비만해질 수 있는 동물은 사람을 제외하
면 거의 찾아볼 수 없다. 다만 사람과 함께 사는 반려동
물은 사람의 습관을 좇아서 비만인 경우가 있다. 하지만
과도하게 먹고 다이어트를 하는 동물은 사람밖에 없다.

이렇듯 사람은 과도한 욕망의 추구로 인해 서로 갈등
하곤 한다. 이 때문에 공자는 "군자는 식사에서 배부름

을 구하지 않고 거처에서 편안함을 구하지 않으며 일하는 데는 민첩하고 말하는 데는 신중하다"고 역설했다.[34] 지나친 욕망의 충족은 인간을 바람직하지 않은 상태로 떨어지게 만들기 때문이다. 순자荀子도 이런 욕망을 적절하게 규제하는 예禮를 강조했다. "욕망을 추구하는 데 일정한 기준과 한계가 없으면 다투지 않을 수 없게 된다. 다투면 혼란스러워지고 혼란스러워지면 궁해진다. 선왕께서 그 혼란스러움을 싫어하셨기 때문에, 예의를 제정해서 분별함으로써 사람의 욕망을 길러주고 사람의 추구를 제공하셨다."[35] 여기서 순자가 말하는 예는 욕망을 적절하게 추구하는 기준과 한계를 설정하여 갈등과 혼란을 방지하는 것이다. 요컨대 직업 활동은 먹고사는 생업을 넘어서서 신중하고 민첩하게 일을 처리하여 욕망을 적절하게 추구하는 정당한 방식이라고 할 수 있다.

물론 직업은 우리가 먹고사는 생계의 수단이다. 그러나 먹고사는 수단이라고 해서 무조건 직업이라고 하지 않는다. 남을 속여서 이득을 취하는 사기나 남의 재산을 무단으로 빼앗는 도둑질을 직업이라고 하지는 않는다. 아무도 자신의 직업란에 남을 해코지하는 사기꾼이나 도둑이라고 쓰지 않는다. 심지어 사기꾼이나 도둑도 자신의 직업을 그렇게 말하지 않는다. 부끄럽기 때문이다. 불교에서도 정당한 수단과 방법으로 의식주 문제를 해결하는 것을 '정명正命, samyag-ājīva'이라고 했다. 남에게 해를 끼치지 않고 자신의 욕망을 적절하게 추구하는 정당한 직업 활동의 지혜와 윤리는 동서양을 가리지 않고 보편적으로 동의했던 것이다.

서양 그리스도교 문화권에서도 이를 아예 신의 섭리 가운데 개인이 해야 할 마땅한 의무라는 뜻에서 신의 부르심, 곧 '소명召命, calling'이라고 했다. 소명의식에서 보는 직업은 생계의 유지를 넘어선 신성한 종교적 의무다. 이런 천직의 소명의식을 가장 잘 보여주는 사상이 베버가 주장했던 프로테스탄트의 윤리다. 베버Max Weber(1864~1920)는 산업혁명의 기술 혁신이나 계몽주의와 합리주의의 정신적 기조보다 프로테스탄트 윤리가 자본주의의 정신적 토대임을 역설했다.Max Weber 2018 물질적 이익을 추구하는 욕망이 아니라 소명의식이라는 종교적 정신에서 자본주의 세계의 직업적 기초를 찾았다는 점에서 프로테스탄트 윤리는 생계유지를 넘어서는 천직으로서의 직업의 의미를 극명하게 보여준다.

천직의 소명의식은 종교적 직업윤리에만 국한되지 않는다. 동아시아 전통 사회에서는 평생 공업이나 상업의 전문직에 종사하면서 근면과 성실의 태도, 정직과 신용의 자세, 극단적 경쟁의 갈등이 아닌 상호공존의 호혜적 관계 유지, 사회에 대한 책임의식 등의 직업윤리를 선보였던 유상儒商들이 있다.王臻 2011; 박평식 2020 이들은 직업 활동을 통해 개인의 이익 추구와 사회의 바람직한 질서 유지를 함께 실현하는 유교적 직업윤리를 몸소 체현한 존재들이다. 이러한 활동을 근간으로 유교자본주의에 대한 논쟁이 생기기도 했다.

그 가운데서도 일본의 장인정신은 대를 이어가면서 직업 활동을 천직으로 계승하는 전통을 잘 보여준다. 일본에는 여러 세대에 걸쳐 직업 활동을 전수하고 계승하는 가문들이 많다. 특정한 가문에서 운영하는 오랜 전통을 지닌 상점인 노포老鋪가 그 대표적인 사례다. 일본에 가면 오랜 역사를 지닌 가게 앞에 어김없이 노렌暖簾이 걸려 있다. 오사카 상인들은 '하늘이 두 쪽이 나도 노렌을 지킨다'는 직업적 소명의식 아래 직업 활동의 전통을 면면히 계승하고 발전시켰는데, 일본을 대표하는 게임 왕국 닌텐도를 비롯해서 많은 회사가 노렌이 상징하

일본의 노렌

는 신용(信)과 정성(まこと, 誠)을 철저히 계승하고 있다. 아울러 "돈을 남기는 것은 하下, 가게를 남기는 것은 중中, 사람을 남기는 것은 상上"이라는 상인 정신으로 당장의 큰 이익보다는 지속가능한 발전을 추구하며 거래하는 사람들 간의 신용과 네트워크를 중시하는 안목을 펼쳤다.홍하상 2004 노렌이 상징하는 신용과 정성은 몇 대에 걸쳐 동일한 직업 활동을 지속할 수 있는 원동력이다. 이런 정신을 기반으로 일본의 경제적 성공의 모델이었던 '평생 직장'이 등장했다. 따라서 전문성, 신용, 정성 등을 기반으로 한 일본의 장인정신과 직업적 소명의식

은 지속가능한 직업 활동의 대표적인 모델이라고 할 수 있다.

그러나 근대 혹은 탈근대에는 개개인의 개별적 '취향taste'의 실현이 중요해졌다. 그리하여 워라밸을 비롯하여 다양한 취미 영역이 직업 분야에 자리 잡게 되었다. 일본식 평생 직장이 각광받던 시절은 이미 지나갔다. 이에 따라 기존의 안정적인 직업은 자유롭게 분화했고 다양한 직업의 양상이 새롭게 나타났다.

근대적 직업 개념은 본래 18세기 말 산업혁명의 시작과 시민사회의 등장에 따라 생겨났다. 노동arbeit, work을 기반으로 개인에게 부여된 사회적 역할인 직분을 뜻하는 '직'과 생업을 뜻하는 '업'의 합성어였다. 그러나 오늘날 신세대들은 천직으로서의 '직'과 생업으로서의 '업'을 동시에 갖추어, 생계유지, 사회적 역할 실현, 개성 발휘의 자아실현 등이 어우러지는 꿈을 꾸고 있다.하정혜 2001

이제 신세대들의 직업의식은 천직의 소명의식에서 벗어나서 자아실현과 연관된 개인의 취향으로 변화하고 있다. 1980년대 초부터 2000년대 초 사이에 출생한 '밀레니얼 세대millennial generation와 1990년대 중반에서

2000년대 초 사이에 출생한 'Z 세대_{generation Z}'로 구성된 MZ세대는 '디지털 원주민_{digital native}'으로서 자신의 취향에 맞는 직업을 찾는다. 또한 이들은 컴퓨터와 스마트폰을 통해 인터넷으로 다양한 정보를 검색하고 유튜브_{Youtube}로 개별적인 취향을 드러내는 다양한 콘텐츠를 감성적으로 체험할 뿐만 아니라, 직접 콘텐츠를 만들어 공유하기도 하는 프로슈머_{Prosumer}다. 사회적 관계망 서비스_{SNS}를 통해 공감적 소통을 구현하는 TGIF_{Twitter · Google · iPhone · Facebook}세대이기도 하다._{박종천 2020}

　헬조선, 흙수저, 노오력, N포 세대라는 말이 유행할 만큼 자수성가가 불가능한 시대로 전락해 가는상황에서, 이 새로운 세대는 또렷한 주관을 갖고 자기중심적으로 판단하면서 자발적 가치와 주체적 동기가 아니면 움직이지 않는다. 묵직한 소명의식 대신 개성적인 취향과 재미에 따라 움직이면서 스스로 하는 일에 정성을 다하고, 서로 코드가 맞는 사람끼리 모임을 자발적으로 운영하기도 한다. 『대학大學』에는 '안에서 성실하면 밖으로 드러난다'는 말이 있다.[35] 성실하게 정성을 다하면 그것이 저절로 밖으로 드러나듯이, 개별적 취향에 따른 감성적 체험을 하며 자발적으로 하는 일에 정성을 다하는 미래 세대들의 자세는 자연스럽게 상호 공감적 소통으로 구현된다.

따라서 새로운 세대의 직업 활동에서는 개인적 취향과 자아실현이 중요한 요소로 부각될 수밖에 없다. 거대한 사회적 의무나 생계에 대한 집착에서 상대적으로 자유로운 신세대는 공자가 말했던 인지, 기호, 향유 중에서도 사회적 역할의 방향성을 인지하고 그에 맞는 사회적 가면인 페르소나의 역할을 힘겹게 감당하기보다는, 스스로 좋아하는 기호를 추구하면서 인생을 자율적이고 주체적으로 향유하는 세대다. 여기서 우리는 일의 보람을 넘어서서 일의 즐거움을 누리는 새로운 변화의 가능성을 발견할 수 있다.

그러나 직업 활동에서 몰입의 향유까지 나아가기 위해서는 취향이나 기호를 넘어서서 다시 천직의 소명의식이나 내면적 성실성이 필요하다. 심리학적으로 볼 때, 몰입은 "의식이 심리적 엔트로피psychic entropy를 극복하여 질서 있게 구성되고, 심리적 에너지인 주목attention이 목표를 위해 외부의 방해 없이 자연스럽게 활용되는 최적 경험optimal experience의 상태"로, "삶이 고조되는 순간에 물 흐르듯 행동이 자연스럽게 이루어지는 느낌"을

표현한다.Mihaly Csikszentmihalyi 1990 몰입은 정신적 경험과
육체적 경험을 포괄하여 총체적으로 통합시키면서 삶
의 질을 높이는데, 종교적 수행의 경지가 높은 사람이
겪는 신비적 합일mystical union뿐만 아니라 예술가들이
체험하는 '물아일체物我一體'의 미적 체험, 나아가 스포츠
나 게임 등에 몰두할 때 나타나는 희열감에서도 나타난
다.박종천 2010

> 암벽 등반은 아주 짜릿하다. 자기 수행을 향해 조금씩
> 더 가까이 다가가는 것이다. 몸을 움직여 나아가다 보
> 면 모든 게 고통스럽다. 그러고 나서 경외감을 갖고 자
> 신과 자신이 이룩한 것을 되돌아보면 걱정이 사라지고
> 절정ecstasy에 이른 자기만족감을 느끼게 된다. 잠시 동
> 안만이라도 이 싸움, 곧 자신과의 싸움에서 승리하면
> 세상에서 접하게 되는 싸움들에서 승리하기가 훨씬 쉬
> 워진다.
>
> Mihaly Csikszentmihalyi 1990: 40

『몰입의 기술』에 소개된 어느 산악인의 고백은 몰입
이 지닌 성격을 웅변적으로 대변한다. 건강과 취미를 위

한 대표적 대중문화인 등산은 고통스러운 난관을 헤쳐 가며 몰입하는 과정을 거쳐서 종국에는 짜릿한 만족감과 경외감을 안겨준다. 경외감과 만족감은 삶의 질을 높여 행복한 삶의 목표를 성취하게 한다. 그러한 목표는 어려운 과제 혹은 도전과 그것을 극복해나가는 기술 또는 능력의 성취 사이에서 변증법적 과정을 거쳐서 도달하게 된다. 그러나 등산은 일회적으로 끝나지 않는다. 한 암벽을 등반하고 나면 좀 더 어려운 암벽이 새로운 과제로 나타난다. 한 단계씩 도전에 성공할 때마다 암벽 등반의 기술은 높아지고, 그에 따라 등산가는 더 높고 어려운 정상을 향하게 된다. 그리하여 등산은 몰입 경험의 지속적인 발전으로 이어지게 된다.

후기 산업화 시대를 맞아 직업 활동 역시 암벽 등산의 몰입 경험처럼 천직의 보람에서 향유의 즐거움을 거쳐 몰입의 향유로 진화하고 있다. 직업을 통해 무거운 의무의식이 아니라 자발적 취향을 자유롭게 향유하려는 태도가 새롭게 부상하고 있는 것이다. 만약 우리가 개인적 취향을 몰입의 향유로 발전시킬 수 있다면, 생업과 직분의 보람을 넘어서서 취향의 향유와 결합된 즐거운 직업의 가능성을 실현할 수 있을 것이다.

4 직업 역량의 변화:
전문적 지식에서 지혜의 노하우로

직업적 태도가 천직의 보람에서 몰입의 향유로 변화함에 따라 직업 활동을 위해 요청되는 역량도 변화하고 있다. 근대적 산업화의 본격적 진행이 특정한 분야의 전문적 지식이나 기술을 중시하는 양상을 만든 반면, 최근의 후기 산업화 혹은 제4차 산업혁명의 흐름은 개별적이고 전문적인 지식이나 기술을 총체적으로 파악하는 종합적 통찰력과 더불어 개별적인 지식과 기술을 적절하게 연결하여 새로운 상품이나 콘텐츠를 만드는 창의적 기획력을 요구하고 있다. 아무리 좋은 기술이 있어도 실제로 쓸 수 없다면 그림의 떡과 같을 뿐이다. 개별적 지식과 기술들을 상호 연결하여 새로운 콘텐츠를 만들고 그것들을 현실에 적용하여 기존의 문제점을 해결하고 새로운 세상을 열 수 있게 활용할 줄 아는 지혜가 필요하다.

새로운 시대의 직업 창출을 위해서는 특정 분야의 전문가인 '소인'의 한계를 넘어서서 종합적인 안목의 '대인' 혹은 '군자'의 태도가 필요하다. 산업화 초기에는 기업에서 누군가를 채용할 때 평준화된 대학 교육을 통해 갖춘 일정한 수준의 이해력과 사무 능력을 테스트하는 공채 시험으로 충분하였으나, 후기 산업화 시대가 도래하면서 그 효용성이 다했고, 그러한 일반적 교육의 한계로 인해 특정한 분야의 지식이나 기술을 지닌 전문가가 환영받는 시대가 되었다. 문과여서 죄송하다는 뜻의 '문송하다'라는 표현이 사람들의 입에 오르내리곤 하듯이, 의학이나 과학 기술을 비롯한 전문적 지식이나 기술을 지닌 사람들이 환영받는 시대가 열린 것이다. 그리하여 이른바 자격증license을 갖춘 전문가의 시대가 본격화되고 있다.

그러나 후기 산업화 시대를 여는 21세기는 특수 전문가의 시대에서 종합 교양인의 시대로 나아가고 있다. 특수 전문가들이 지닌 지식과 기술을 다양한 방식으로 새롭게 재구성할 줄 아는 종합적 기획자의 시대가 열리고 있는 것이다. 그런 의미에서 "군자는 그릇이 아니다."³⁶ 라고 했던 공자의 명제를 새롭게 음미해보아야 한다. 군자는 특정한 분야의 지식이나 기술에 특화된 전문가_{specialist}가 아니라 다양한 분야를 수용할 만한 보편적 이해력과 적절한 통찰력을 갖춘 종합적 교양인_{generalist}이라는 뜻이다. 애플_{Apple}의 스티브 잡스_{Steve Jobs}(1955~2011)가 말했듯 다양한 특수 분야의 전문가들이 만드는 지식과 기술을 결합할 줄 아는 창의적인 안목이 필요한 시대가 열린 것이다.

전통적 유교사회에서 군자는 특정 분야의 전문적인 지식이나 기술인 '소지小知' 혹은 '소도'를 추구하지 않았다.『논어』,「자장子張」 그래서 "군자는 전문 지식은 없으나 큰일을 맡을 수 있고, 소인은 큰일을 맡을 수는 없으나 전문 지식은 갖고 있다"고 했다.『논어』,「위령공衛靈公」 그러나 이를 위해 군자는 육예六藝의 교양을 두루 익혀야 했고, 문사철文史哲과 시서화詩書畵를 포괄적으로 습득해야 했다. 일반적으로 육예는 예禮, 악樂, 사射, 어御, 사書, 수數 6종류의 기예를 말하는데, 조선 시대 사대부의 기초적 교양에 필요한 학습이었다. 적절한 사회적 예의범절인 '예'와 음악을 연주하고 즐기는 '악'은 문화예술 교육에 속하고, 글씨를 쓰는 '사'와 수치를 재고 계산하는 '수'는 실무 기술 교육에 해당하며, 활을 쏘는 '사'와 수레나 말을 모는 '어'는 체육 활동 교육이었다. 따라서 육예는 문사철의 기본적인 인문교양 교육과 더불어 문화 예술, 실무 기술, 체육 활동을 두루 겸하는 전인교육全人 敎育이었다.

제4차 산업혁명은 이런 의미에서 르네상스적 종합 역량을 갖춘 기획자 혹은 조율자로서 군자를 요청하고 있다. '구슬이 서 말이라도 꿰어야 보배'라는 말이 있듯이, 다양한 분야의 전문 지식과 기술의 의미와 가능성을 알아보고 그것들을 창의적으로 기획하고 종합적으로 구성하는 능력이 필요하다. 이를 위해서는 학습과 성찰의 조화가 요청된다. 공자는 "배우기만 하고 생각하지 않으면 막연하여 얻는 것이 없고, 생각만 하고 배우지 않으면 위태롭다"고 했다.[37] 성실한 학습과 창의적 성찰, 배우는 것(學)과 생각하는 것(思)이 조화를 이루어야 온전한 지식이 구성되고, 그러한 지식들을 적절하게 서로 연결할 때 새로운 시대를 선도할 지혜가 발현된다.

직업은 끊임없이 변화하고 발전한다. 심지어 지식과 기술의 발전에 따라 기존의 직업이 사라지는가 하면, 새로운 직업이 등장하기도 한다. 우리는 기존의 지식과 기술을 배우고 익히기도 하지만, 지식과 기술을 발전시키고 새롭게 창출하기도 한다. 따라서 성실하고 체계적인 학습과 비판적이고 창의적인 성찰이 상호 유기적으로 조화롭게 연계된 피드백feedback 체계의 구축이야말로 직업의 세계로 입문하고 새로운 직업을 창출하는 교육의 성장 엔진이라고 할 수 있다. 서양에서도 '교육'의 두 가지 의미, 즉 '기성 지식의 습득과 훈련'이라는 전통 계승 교육의 측면과 '새로운 내면의 가능성 도출'이 어우러지는 혁신적이고 균형 있는 교육 과정을 도모하고 있다. 이런 맥락에서 옛것을 익혀서 새로운 지식을 만드는 '온고지신溫故知新'의 지혜 교육이 지닌 의미를 충분히 숙고해야 한다.

새로운 변화의 흐름을 좇는 것을 넘어서서 그러한 흐름을 앞서 이끌어 나가려면 특정 분야의 전문 지식이나 기술을 습득하는 것은 물론, 역사나 문화의 경험을 통해 지혜를 얻는 전통적인 인문학적 지혜로부터 당면한 문제를 해결할 수 있는 통찰력을 얻는 혁신적 교육이 절실하게 필요하다. 혁신을 위해서는 빠른 추격자fast follower 모델 혹은 후발주자의 따라잡기catch-up 모방 전략이 아니라 모방을 넘어서서 기존의 지식과 기술들을 새롭게 결합하는 창의성과 더불어 새로운 지식과 기술 개발을 통해 변화를 선도하는 선도자first mover의 새로운 전략이 필요하다.

이를 위해서는 다양한 기본 데이터data를 데이터들이 상호 연결되는 정보information로 재구성하고, 개별적 정보에서 중요한 전문적 지식knowledge을 추출하며, 지식들을 성찰하여 창의적으로 재구성하는 지혜wisdom의 노하우know-how가 절실하다. 개별적인 정보와 전문적인 지식을 더 높은 수준에서 통합한 앎으로 정의할 수 있는 '지혜'를 주체적인 성찰을 통해 체득하고, 이를 개인적 삶에서 실현하고 그 사회적 공유를 목표로 삼는 인문학적 지혜는 개별적인 정보와 전문적인 지식을 통합하는 총체적이고 성찰적인 앎인 동시에 각자의 삶에 체화된 창의적인 문제 해결 능력으로 정의할 수 있다.

군자는 특정 분야의 전문가인 소인들이 개별적 정보(know-what)를 모아 쓸모 있는 전문적 지식으로 구성하는 단계를 넘어서서 전문적인 지식의 가능성과 한계 및 의의를 성찰하고 창의적으로 재구성하는 총체적인 앎인 지혜(know-why)를 통해 새로운 세계를 개척할 수 있다. 개별적 사실들을 의미하는 데이터, 데이터들의 관계에 연관 의미를 부여하는 정보, 정보들의 구조와 패턴을 이해하는 지식 등과는 달리, 지혜는 정보와 지식의 주체, 대상, 내용 등을 포괄적으로 이해하고, 각 요소 간의 상호 관계를 파악하고 이를 실제 삶에 창의적으로 적용하는 활동이기 때문이다. 이러한 내용은 DIKW 피라미드 모델의 구조에 따라 다음과 같이 도표화할 수 있다. R. L. Ackoff, 1989; Jennifer Rowley, 2007

DIKW 피라미드 모델

지혜
(wisdom)

지식
(knowledge)

정보
(information)

데이터
(data)

	데이터	정보	지식	지혜
이해	조사, 흡수 (관찰 조사)	흡수, 실행 (관계 이해)	실행, 상호작용 (패턴 이해)	상호작용, 성찰 (원리 이해)
맥락	부분의 수집 (객관/사실)	부분의 연결 (연관/의미)	전체의 형성 (구조/분류)	전체의 결합 (결합/창의)
Know 5W1H	fact (index)	Who, What, When, Where? (rules)	How? (model)	Why? (values)
시간	← 과거(경험) ←→ 현재(경험) →			미래 (창의)

본격적인 산업화 시대에는 단순한 데이터나 개별적 정보를 전문적 지식으로 구성하는 노하우를 중시하였으나, 제4차 산업혁명 시대에는 전문적이고 특수한 지식을 넘어서서 그것을 제대로 활용할 수 있는 창의적이고 보편적인 지혜가 더욱 주목받고 있다. 따라서 전문적 소인보다 통합적 군자가 필요하다. 전문적 지식은 인공지능을 비롯한 컴퓨터와 기계가 대부분 대체할 것이고, 컴퓨터나 기계가 대체하지 못하는 인간적 부분에 새로운 직업의 가능성이 집중될 가능성이 높다. 이에 따

라 객관적이고 표준적인 습득과 전달이 쉬운 명시지식 explicit knowledge보다는 학습과 체험을 통해 체득하지만 특정 형태로 전달이 힘든 암묵지식tacit knowledge이 더욱 중요해지고 있다. 이러한 유형으로 대표적인 것이 바로 예술과 종교다. 이 영역에도 컴퓨터나 기계 기술이 도입되고 있지만, 예술과 종교는 기본적으로 객관적 데이터나 개별적 정보로는 충분히 파악할 수 없는 주관적 체득과 자발적 체현과 연관된 경험이 중시되기 때문이다.

제4차 산업혁명은 기계가 대체할 수 없는 지식과 지혜를 익히고 창출하는 직업에 대한 수요와 관심을 강화할 것으로 예상된다. 이러한 시대적 변화의 흐름에 맞추어 직업 활동을 온전하게 준비하려면 전문적 지식을 넘어서서 지혜의 노하우를 갖추어야 하며, 천직의 보람을 넘어서서 몰입의 향유를 느낄 수 있어야 한다. 일하는 즐거움을 몰입으로 심화하고 전문적 지식을 종합적인 지혜로 승화시킬 줄 아는 것이 새로운 시대가 요청하는 일하기의 노하우다.

5장

직업의 미래 전망

1 미래의 직업,
보람과 즐거움의 상생

　지금까지 우리는 직업의 과거와 현재의 모습을 살펴보았다. 그렇다면 직업의 미래는 어떻게 진행될까? 다양한 의견이 있을 수 있겠지만, 다음과 같은 몇 가지 흐름은 예나 지금이나 마찬가지며 미래에도 이어질 것으로 예상된다.

　첫째, 생업을 통한 생계유지가 생존의 경제적 근간이자 직업의 필요조건이고, 직분의 사회적 역할 구현은 직업의 충분조건으로서 사회적 인정을 통해 삶의 보람을 얻는 통로가 될 것이다. 직업 활동을 통한 생업과 직분의 이중주는 지속될 것이다.

　둘째, 맹자가 제시했던 육체노동과 정신노동의 직업 구분이 사회적 위계질서를 구성하는 가운데 '항산'

의 민생 안정과 '항심'의 가치 실현이 직업의 중요한 기능으로 유지될 것이다. 전통적 유교사회에서는 육체노동보다 정신노동이 훨씬 높은 평가를 받았으나, 근대화 이후에는 스포츠처럼 정신노동보다 훨씬 각광받는 육체노동 영역도 등장했을 뿐만 아니라 육체노동과 정신노동의 구분보다는 단순한 반복적 노동과 고도의 창의적 노동의 구분이 더욱 중요해지고 있다. 그러나 육체노동보다는 정신노동, 반복적 숙련 노동보다는 고도의 창의적 노동이 주도하는 사회적 위계 구조는 더욱 강화될 것으로 보인다.

셋째, 특정한 지식과 기술의 전문가인 소인보다는 그러한 지식들을 종합적으로 판단하고 적절하게 운용할 줄 아는 종합적 통찰력을 지닌 군자의 사회적 역할이 중요하다. 후기 산업화 시대 혹은 제4차 산업혁명 등의 시대적 변화에 따라 다양한 전문 지식이나 기술을 종합적으로 재구성하고 창의적으로 활용할 줄 아는 기획력이 요청됨에 따라 21세기의 새로운 군자가 더욱 절실한 상황이다.

나아가 제4차 산업혁명으로 인한 직업의 변화에 대해서도 충분히 고려해야 한다.

첫째, 직업을 통해 사회적 역할을 갖고 보람을 느끼는 것이 여전히 중요하겠지만, 직업적 보람은 갈수록 개인적 취향의 향유 혹은 자아실현의 즐거움으로 확장될 것이다. 이제 직업은 생계유지를 위한 생업적 차원이나 사회적 보람을 얻는 직분적 차원을 넘어서서 취향의 향유나 자아실현의 장이 되었다.

둘째, 직업은 저차원의 결핍 욕구를 채우는 데서 나아가 고차원의 성장 욕구를 향해 발전할 것으로 보인다. 직업은 점차 기본적인 생존 동기를 넘어서서 남으로부터 사랑이나 인정을 받거나 사회적 존경을 얻는 보람을 거쳐서 자아실현의 즐거움으로 승화될 것이다. 또한 '워라밸'이라는 용어가 극적으로 보여주듯이, 직업의 성격은 생존을 위한 생업의 실용적 가치나 비판적 가치보다는 직분이나 향유에서 비롯되는 유토피아적 가치나 유희적 가치 쪽으로 더욱 빠르게 변화할 것이다. 더구나 새롭게 변화하는 지식과 기술을 지속적으로 습득하고 활용하려면 공부와 일을 즐겁게 즐길 줄 아는 자세가 필요하다. 따라서 앞으로는 직업을 통해 즐거움을 충분히 향유할 수 있어야 한다. 미래의 직업은 불가피한 노동 활동이 아니라 즐거운 향유 활동으로 변모할 것이다.

셋째, 제4차 산업혁명을 맞이하여 직업은 분석적이고 전문적인 지식을 넘어서서 성찰적이고 창의적인 지혜의 노하우를 더욱 중시하는 한편, 객관적이고 표준적인 교육으로 습득할 수 있는 명시지식을 넘어서서 주관적이고 경험적인 암묵지식을 적극적으로 활용하는 방향으로 변화해나갈 것으로 예측된다. 따라서 기계가 대체할 수 있는 특정한 영역의 전문적인 지식을 익히는 데 만족하지 말고 다양한 지식과 기술을 꿰뚫는 통찰력과 더불어 그것을 창의적으로 재구성하고 활용하는 능력을 배양해야 한다.

넷째, 제4차 산업혁명의 기술 혁신에 따라 갈수록 취약해지는 일자리는 인간소외라는 문제를 초래하는데, 이를 극복하려면 사회적 약자의 고통을 최소화하는 토대 위에서 공감과 배려의 일자리 문화와 바람직한 직업 생태계를 안정적으로 구축해야 한다. 이런 맥락에서 직업의 사회적 안전망 기능을 주목하고 사회적 약자를 배려했던 조선 시대 '보양'의 전통을 계승하고 발전시키되, 과정의 피상적 공정성을 넘어서서 결과의 실질적 공정성까지 구현해야 한다.

직업은 생업의 생계유지와 직분의 가치 실현이 병행되고 보람과 즐거움이 어우러지는 장이다. 생업과 직분, 보람과 즐거움이 적절하고 아름다운 조화를 이룰 때, 개인은 안정된 생업의 기반 위에서 인생의 보람을 느끼고, 삶을 즐겁게 향유하면서 자아실현의 꿈을 충분히 구현할 수 있을 것이다. 앞으로 펼쳐질 직업의 세계가 생업과 직분, 보람과 즐거움이 상충하는 갈등이 아니라 상생하는 조화를 이루었으면 좋겠다.

1 『論語』,「顔淵」, "君君, 臣臣, 父父, 子子."

2 『孟子』,「告子上」

3 『孟子』,「滕文公上」, "或勞心, 或勞力. 勞心者治人, 勞力者治於人. 治人者食人, 治人者食於人, 天下之通義也."

4 『孟子』,「梁惠王上」

5 司馬光, 『資治通鑑』卷1,「周紀」, 威烈王二十三年條, "夫才與德異, 而世俗莫之能辨, 通謂之賢. 此其所以失人也. 夫聰察彊毅之謂才, 正直中和之謂德. 才者, 德之資也. 德者, 才之帥也. 是故才德全, 謂之聖人; 才德兼亡, 謂之愚人; 德勝才, 謂之君子; 才勝德, 謂之小人."

6 『書經』,「周書 · 周官」, "司空掌邦土, 居四民, 時地利."

7 『世宗實錄』54卷, 世宗 13年 1月 25日; 55卷 世宗 14年 1月 28日; 107卷 世宗 27年 3月 5日 등 참조.

8 『論語』,「雍也」, "知之者不如好之者, 好之者不如樂之者."

9 朴世堂, 『西溪集』卷22,「附錄 · 年譜」

10 朴世堂, 『西溪集』卷7,「稿經序」

11 朴世堂, 『西溪集』卷7,「稿經序」

12 朴世堂, 『西溪集』卷4,「石泉錄下 · 題稿經後」;「石泉錄下 · 聞雲路相國笑余稿經不能救飢二首」

13 李重煥,「擇里志」,「四民總論」

14 柳壽垣, 『迂書』卷2,「論門閥之弊」

15 柳壽垣, 『迂書』卷2,「論門閥之弊」

16 柳壽垣, 『迂書』卷2,「論學校選補之制」, "但勿論農工商之子, 有才學而得科, 無所枳碍, 則稍知人事之流, 有何厭賤農商之理乎? 欲就科, 則無文而難望僥倖, 欲做蔭仕, 則法制甚嚴, 不得以形勢爲之, 一身悠悠, 全無希望, 全無着落, 則自然無味, 不得不各尋所業矣."

17 柳壽垣, 『迂書』卷2,「論學校選補之制」, "士農工商, 非國家所可分付勸沮者也.

唯在自己之心, 爲與不爲而已, 有何聽從與否之可論乎?"柳壽垣,『迂書』卷8,「論商販事理額稅規制」, "噫! 若守此法, 則士農工商之子各隨其天賦之材, 各爲其所當爲, 而天下無一曠職之人矣."

18 柳壽垣,『迂書』卷1,「四民總論」, "旣以門閥用人, 則人皆有五藏七竅, 有何愚人不欲爲兩班‧中人, 而樂從軍保之賤役乎? 雖納一絲一粒而帶役名, 人必恥之, 恥則避之."

19 柳壽垣,『迂書』卷2,「論門閥之弊」, "今乃不然, 朝廷所以用舍人, 世俗所以接待人者, 只就門地二字爲之間隔, 歆羨動於中, 恥憤形於外, 利害切於身, 機關生於心. 商恥商而工恥工, 農恥農而士恥士, 擧一國無守分之人, 擧一世無勤業之人. …… 噫! 先王設四民, 使各守其分, 而今乃不安分如此, 此非國家之憂耶?"

20 柳壽垣,『迂書』卷1,「論麗制」,〈奴婢〉, "工商固可謂末業, 而元非不正鄙陋之事也. 人自知其無才無德, 不可以祿於朝, 而食於人, 故躬服其勞, 通有無而濟懋遷, 無求於人而自食其力. 從古及今, 斯民之所共由, 則此果何賤何汚而不可爲也. 且謂其子孫濡染云者, 尤不成說, 所謂工商子孫, 則別具牟利腸子於胎裡而來耶?"

21 柳壽垣,『迂書』卷8,「論錢弊」, "我國之人好名無實, 徒知士人之可貴, 賤汚工商. 故雖牟利之輩, 外恥商賈之事, 不得不貯蓄錢貨, 暗中財利或月利或防納, 而不敢爛用興販於衆目所視之地."

22 柳壽垣,『迂書』卷2,「論救門閥之弊」.

23 柳壽垣,『迂書』卷1,「四民總論」, "果令擧國男婦, 皆盡其職, 則百物之直, 必皆賤歇, 寧有交易不通之理耶?"

24 柳壽垣,『迂書』卷1,「四民總論」, "若使國俗不恥工商, 則站車受直, 收買重貨之利, 獨不及於廣置田庄, 收其賭地 多出錢穀, 徵其長利之利乎? 此等富戶, 皆可爲之, 何謂無人可以辦此?"

25 柳壽垣,『迂書』卷8,「論魚鹽征稅」, "士農工商, 各有其法. 今無其法, 故民失其職. 失職故民貧, 民貧故國虛. 立法定制, 乃所以毆四民於本業也. 此豈征利之意乎?"

26 柳壽垣,『迂書』卷1,「四民總論」, "中國之人專爲一事, 故業專而利廣. 我國之人不過以餘事閑隙爲此等畜牧, 故所業不專, 所畜不盛. 烏可歸咎於物產不豐風土不同之致哉?"

27 柳壽垣,『迂書』卷2,「論門閥之弊」, "噫! 士農工商, 均是四民. 若使四民之子一樣行世, 則無高無下, 無彼無此, 魚相忘於江湖, 人相忘於道術, 決無如許爭端矣."

28 丁若鏞, 『經世遺表』 卷10, 「地官修制, 賦貢制 九職論」.

29 丁若鏞, 『經世遺表』 卷6, 「地官修制, 田制5」

30 丁若鏞, 『與猶堂全書』 卷11, 「技藝論」.

31 丁若鏞, 『與猶堂全書』 卷11, 「技藝論2」.

32 丁若鏞, 『與猶堂全書』 卷11, 「技藝論3」

33 『論語』, 「爲政」 "吾十有五而志于學, 三十而立, 四十而不惑, 五十而知天命, 六十
   而耳順, 七十而從心所欲不踰矩."

34 『荀子』, 「禮論」.

35 『大學』, "誠於中, 形於外."

36 『論語』, 「爲政」 "君子不器."

37 『論語』, 「爲政」 "學而不思則罔, 思而不學則殆."

참고문헌

원전

『論語』, 『大學』, 『孟子』, 『書經』, 『小學』, 『荀子』, 『五倫行實圖』, 『日省錄』, 『資治通鑑』, 『朝鮮王朝實錄』, 『周禮』, 『周易』, 『中庸』, 『春秋穀梁傳』, 『迁書』(柳壽垣), 『西溪集』(朴世堂), 『擇里志』(李重煥), 『經世遺表』(丁若鏞), 『與猶堂全書』(丁若鏞), 『朱子大全』(朱熹), 『朱子語類』

단행본

강문종 외(2020), 『조선잡사』, 민음사.

강상중(2017), 『나를 지키며 일하는 법』, 노수경 옮김, 사계절.

김용섭(2021), 『프로페셔널 스튜던트: 위기를 기회로 만드는 사람들의 생존코드』, 퍼블리온.

박영숙·제롬 글렌(2020), 『미래의 일자리와 기술 2050: 세 가지 시나리오와 실행전략』, 서형석·남형근·최연준·여윤 옮김, 비팬북스.

박종천(2020), 『유한의 시간을 비추는 무한의 스크린: 종교와 영화의 세계』, 고려대학교출판문화원.

서유헌(2013), 『뇌의 비밀』, 살림출판사.

손봉호(1995), 『고통받는 인간』, 서울대학교출판부.

허경진(2015), 『조선의 중인들』, 알에이치코리아(RHK).

홍하상(2004), 『오사카 상인들: 하늘이 두 쪽 나도 노렌은 지킨다』, 효형출판.

Caillois, Roger(1994), 『놀이와 인간』, 이상률 옮김, 문예출판사.

Csikszentmihalyi, Mihaly(1975), *Beyond Boredom and Anxiety: Experiencing Flow in Work and Play*, San-Francisco: Jossey-Bass.

_____(1988), *Optimal Experience: Psychological Studies of Flow in Consciousness*, New York: Cambridge University Press.

_____(1990), *Flow: The Psychology of Optimal Experience*, New York: Harper & Row.

Floch, Jean-Marie(2003), 『기호학, 마케팅, 커뮤니케이션』, 김성도 옮김, 나남출판.

Huizinga, J.(1997), 『호모 루덴스』, 김윤수 옮김, 까치.

Jones, Steve E.(2006), *Against Technology: from the Luddites to Neo-Luddism*, London: Routledge.

Maslow, Abraham H.(1970), *Motivation and Personality*, 2nd edition, New York: Harper&Row.

Niles, John D.(1999), *Homo Narrans: The Poetics and Anthropology of Oral Literature*, Philadelphia: University of Pennsylvania Press.

Olivelle, Patrick(1993), *The Āśrama System: The History and Hermeneutics of a Religious Institution*, Oxford: Oxford University Press.

Sandel, Michael J.(2020), 『공정하다는 착각: 능력주의는 모두에게 같은 기회를 제공하는가』, 함규진 옮김, 와이즈베리.

Schwab, Klaus(2018), 『클라우스 슈밥의 제4차 산업혁명, 더 넥스트』,

김민주·이엽 옮김, 새로운현재.

Schwab, Klaus 외 26인(2016), 『4차 산업혁명의 충격』, 김진희·손용
　　　수·최시영 옮김, 흐름출판.

Stein, Murray(2015), 『융의 영혼의 지도』, 김창한 옮김, 문예출판사.

Weber, Max(2018), 『프로테스탄트 윤리와 자본주의 정신』, 박문재 옮
　　　김, 현대지성.

논문

김병숙(2003), 「조선 시대의 직업시장 특성과 직업윤리」, 『進路敎育硏
　　　究』 16/2, 한국진로교육학회.

김인규(2008), 「조선 후기 신분제의 새로운 지평-신분주의에서 직분주
　　　의로의 패러다임의 전환」, 『동양고전연구』 30, 동양고전학회.

＿＿＿(2009), 「柳壽垣의 職分主義 신분제 개혁론 - '四民分業'과 '四民一
　　　致'를 중심으로」, 『동양학』 16, 한서대학교 동양고전연구소.

김형석(2004), 「유학적 입장에서 본 전문직 윤리」, 『동양철학연구』 80,
　　　동양철학연구회.

박종천(2010), 「몰입, 종교문화와 대중문화를 녹이다」, 『종교문화연구』
　　　15, 한신인문학연구소.

＿＿＿ (2016), 「조선 후기 유교적 벽이단론의 스펙트럼」, 『종교연구』
　　　76/3, 한국종교학회.

＿＿＿(2017a), 「공감과 개방의 문화공동체, 석천마을」, 한도현, 『석천
　　　마을과 공동체의 미래』, 한국학중앙연구원출판부.

＿＿＿(2017b), 「상생의 마을공동체-동계와 향약」, 한도현, 『양동마을
　　　과 공동체의 미래』, 한국학중앙연구원출판부.

박평식(2020), 「16세기 개성 유자(儒者) 한순계(韓舜繼)의 상업 활동」,

『한국사연구』190, 한국사연구회.

백형찬(2008),「논어(論語)에 나타난 공자(孔子)의 직업관 고찰」,『직업
    교육연구』27/3, 한국직업교육학회.

윤용남(1993),「朱子 職分倫理說의 체계」,『성신한문학』4, 성신한문학
    회.

이다혜(2020),「근로자 개념의 재검토: 4차 산업혁명, 플랫폼 노동의 부
    상에 따른 '종속 노동'의 재조명」,『노동법연구』49, 서울대학교
    노동법연구회.

이용형(2000),「茶山 職業論에 관한 現代敎育的 意味」,『건전사회교육연
    구』5, 한국건전사회교육학회.

장동익(2012),「전문직 역할과 덕 윤리: 의료 전문직 윤리를 중심으로」,
    『인문과학』50, 성균관대학교 인문과학연구소.

하정혜(2001),「도덕자본의 관점에서 본 직업윤리」, 서울대학교 박사학
    위논문.

王臻(2011),「중국과 한국의 儒商 전통과 現代化」,『한국학연구』25, 인
    하대학교 한국학연구소.

Ackoff, R. L. (1989), "From Data to Wisdom", *Journal of Applies
    Systems Analysis* 16.

Rowley, Jennifer(2007), "The Wisdom Hierarchy: Representations
    of the DIKW Hierarchy", *Journal of Information and
    Communication Science* 33/2.

직업, 보람과 즐거움의 이중주

1판 1쇄 발행 2021년 10월 12일

지은이 · 박종천
펴낸이 · 주연선
책임편집 · 한재현

(주)은행나무
04035 서울특별시 마포구 양화로11길 54
전화 · 02)3143-0651~3 │ 팩스 · 02)3143-0654
신고번호 · 제1997-000168호(1997. 12. 12)
www.ehbook.co.kr
ehbook@ehbook.co.kr

잘못된 책은 바꿔드립니다.

ISBN 979-11-6737-083-9 (93190)